참선체조

부처처럼 앉고 부처처럼 걸어라!

종학스님 지음

　현대인은 삶의 풍요와 함께 각종 위험과 질환으로 불안과 고통의 환경 속에 놓여 있다. 그로인해 지불되는 대가가 적지만은 않은 현실이다.

　우리의 몸과 마음은 자연의 내외 현상과 밀접하게 연관되어 있다. 자연의 일기변화나 생태환경의 변화에 적응하며 살아가는 인간을 예로부터 소자연소우주이라고 하였다. 인간사회의 생활양상이 자연환경에 그대로 영향을 미치고 다시 자연은 인간에게 그 영향을 되돌려준다.

　인간의 구조는 하늘의 기운을 이어받은 정신과 땅의 기운을 이어받은 몸으로 구성되어 있으며 이는 280일 동안의 모태에서부터 태어난 이후 죽음에 이르기까지 이어지는 관계이다. 그래서 자연의 마음과 몸이 곧 사람인 우리 한 사람 한 사람의 몸과 마음에 연관되어 있으며 구조, 기능, 형태에서 동질성을 갖고 있는 것이다. 인간은 두 발로 땅을 밟고 서서 움직이며 하늘 공간속에 머리를 박고 사고하며 세상을 향해서는 가슴을 열고 소통하며 사회적 활동을 해나간다. 이러한 인간에게 가장 근원적인 건강이란 개념에는 골반, 척추, 가슴이 균형과 조화를 이루는 것이 전제되어 있다. 그래서 인간의 골반과 척추는 바로 서서 머리는 하늘에 통하는 지혜를 개발해 나가고 가슴은 자연과 교류하며 인간 상호간에 이해를 증진시키고 소통을 추구해 건강하고 행복한 세상을 만들어 갈 수 있어야 한다. 뒤틀린 몸과 정신으로는 풍요롭고 행복한 세상을 만들어 나갈 수 없다. 요즘 세상이 서로 믿지 못하고 시끄럽고 혼탁한 것은 균형과 조화의 아름다움인 S라인을 상실한 채 마음과 몸의 질서가 흐트러진 사람들이 다투어 큰 소리를 내는데 있는 것이다.

　본인은 건강의 개념을 생명의 신비로움을 간직한 채 수많은 세월 동안

부동의 모습으로 당당하게 앉아 있는 불상의 주인공인 석가모니 부처님에게서 찾을 수 있었다. 그리고 절 마당에 하늘을 찌를 듯이 서 있는 석탑의 모습에서 골반과 척추의 균형과 조화의 중요성을 알 수 있었다.

여기에 소개되는 동작들은 본인이 실제 건강상 겪은 어려움을 극복해 나오는 과정에서 적용하여 탁월한 효능을 경험한 요가, 선도, 선체조, 민간에 전래되는 동작들 중 본서에서 주장하는 건강의 개념 즉, 몸과 정신과 마음이 S라인을 이룰 수 있도록 도움을 줄 동작들로 선별되어 있다. 생활 속에서 때와 장소에 따라 쉽게 실천할 수 있는 동작들로 구성이 되어 있으니 눕고, 앉고, 서고, 걷는 등 모든 움직임 가운데 유용하게 사용되리라 본다. 본 동작을 꾸준히 실천하여 나온 결과로 수 십 년 동안 내 자신을 괴롭혀 오던 마음과 몸의 부조화로 인한 번민과 고통으로부터 벗어날 수 있었으니 이에 건강으로 고통 받는 주변의 많은 분들에게 다소나마 도움이 될 것이란 확신 속에 앉는 법과 걷는 법을 소개하오니 열심히 실천하여 건강한 삶에 도움 있으시길 바란다. 끝으로 본 책자가 출간되도록 관심 기우려주신 지인들과 묘봉암 덕원스님, 울산 성불사 혜안스님, 양산 불광사 경록스님, 법보신문 충남지사장인 금산거사님, 그리고 참선체조 동작을 시연해 보여주신 전 주영님에게 감사드립니다. 특히나 물심양면의 도움을 아끼지 않으신 《대성이앤지》 문한석 대표, 《에스엘》 이동환 이사, 《한성보험대리점》 변영국 대표, 《㈜가구아마존》 문정숙 대표, 《티모》 손미향 대표, 《상상스케치》 박주연 원장, 《호루스》 이상훈 사장께 고마운 마음을 전합니다.

乙未年 立春 가야산 토굴에서
종학 두손 모음

차례

앉을 땐,
허리를 반드시 세우고,
등과 어깨를 활짝 펴서,
시선은 15°전방에 두고,
태산이 우뚝 솟아 있듯이 앉아라!
그리하면 가슴이 활짝 열려서,
행운과 만복萬福이 가득할 것이다.

제 **1** 장

부처처럼 앉아라

부처처럼 앉아라!

     29세에 출가하여 요가의 각종 수행법을 통해 중력의 작용을 최소화하는 법이 결가부자라는 사실을 아신 부처님은 온갖 고행을 실천하시고 최종적으로는 깨달음을 성취하신 90여 일 동안 '안반수의' 즉 호흡법을 행하시는 내내 결가부좌라는 앉는 자세를 견지하셨던 것이다.

  인간이 두 발로 땅위에 서서 삶을 시작한 순간부터 네 발에 분산되어야 할 중력을 두 발로 감당해 내야하고, 두 손과 머리를 사용함으로 인하여 육체노동으로 인한 중력의 무게감이 더하게 되었다. 이에 신경과 정신의 사용으로 인한 스트레스가 쌓이므로 해서 몸과 마음의 균형이 무너지면서 각종 질환에 시달리게 되었다.

  부처님은 인간이 병으로부터 건강한 심신을 지켜내는 길은 위에서 누르는 중력 작용으로부터 받는 부담을 최소화하는 한편, 작용을 받더라도 균형 있게 받는 것이 중요하다는 사실을 아시고 그 중심을 배꼽이 있는 하복부허리에 두셨던 것이다. 이 하복부는 인체의 중간이면서 기혈이 가장 많이 분포되어 있고 태양신경총이라는 신경 다발이 있는 중요한 곳이다. 우리 몸의 절반이상의 혈액이 머물고 있으며 남녀 모두에게 아이를 만드는데 중요한 기관이 있기도 하다. 이처럼 하복부는 생명활동에 있어서 중요한 영역이며 정신활동의 뿌리이기도 함으로 일명 복뇌腹腦라고도 하는 것이다.

  인체공학적으로 살펴보면 골반위에 척추가 놓여 있고 그 끝에 정신활동의 주체인 뇌를 담고 있는 머리가 자리하고 있다. 정신활동도 골반과 그 위에 서 있는 척추가 있기에 가능한 것이다. 부처님이 앉아 계시는 모습은 중력 작용을 가장 덜 받는 좌우의 균형과 조화로움을 느끼게 하는 단정한 모습이다. 절 마당에 하늘을 뚫을 듯 서 있는 석탑처럼 한 점 흐트러짐 없는 완벽한 모습인 골반과 척추의 S라인을 보여주고 있다. 이 모습은 온갖 잡생각에 휘둘리지 않는 초연한 모습이기도 하다. 같은 물이라도 담기는 용기의 모양에 따라서 형상이 달라지듯이 자세가 바르면 잡스러운 생각이 일어나지 않는다. 일어나더라도 쉽사리 다스려지며 혈액순환과 신진대사가 원활히 되어 건강한 몸과 정신의 소유자가 되는 것이다. 인체의 대들보요 정신과 신체활동의 중추인 골반과 척추가 뒤틀리는 것은 건강의 적신호요, 삶에 어두운 그림자를 드리우는 징조인 것이다. 대도를 성취하려는 수행자나 건강한 사회생활을 하려는 일반인 모두 균형 잡힌 골반과 척추를 유지하도록 노력하여야 한다. 여자의 월경불순, 불임증과 남성의 전립선, 비뇨기이상 등과 신장, 방광, 당뇨, 대장, 항문이상 등 대부분이 골반척추의 불균형에 그 원인이 있다. 또한 심장, 폐 등 심혈관과 호흡기 질환이나 뇌신경 질환, 나아가서는 귀신 병까지 그 영향하는 바가 크다 할 것이다.

부처님은 자세의 기본이라 할 수 있는 앉는 법이 건강의 바로미터인 골반과 척추의 바름이라는 것을 아셨으며, 눕고, 서고, 걷고 하는 속에서도 건강의 기본개념을 잃지 않으셨다는 사실을 알아야 한다. 45년 동안 맨 발에 몸에는 천 하나 걸치시고 거리를 누비던 강행군의 힘은 바로 피로를 덜 받고 받은 피로와 스트레스는 최단 시간 안에 해소해 내는 건강법을 실천하신 데에 있었다고 할 것이다. 그러므로 건강의 바로미터인 허리가 반듯이 서고 등이 펴지며 가슴이 열리는 자세는 결가부좌 자세에 있다는 것을 다시 한 번 강조해 두는 바이다. 그러나 일반인은 이러한 자세로 앉는 것이 쉽지 않으므로 반가부좌나 책상다리를 하고 앉는 것도 무난하다고 하겠다.

우리의 생활을 살펴보면 하루 24시간 중 대충 8시간은 자고, 나머지 시간은 일하고 개인 시간으로 채워지는데 그 중 많은 시간이 앉아서 이루어지고 있다. 세상이 발전해 갈수록 몸으로 움직이며 처리해야 할 시간은 줄어들고 앉은 자리에서 해결해야할 일들은 늘어나게 되어 있다. 생활문화도 움직이면서 이뤄지는 활동보다 앉은 자리에서 여러 가지를 동시에 해결할 수 있는 형태로 변해가고 있다.

수행하는 스님들의 일상을 살펴보면 선방에서 참선하거나 강원에서 공부를 하거나 또는 사찰에서 소임을 보면서 지내는 일상들이 서서 지내는 것보다는 주로 앉아서 지내는 분들이다. 움직임의 양이 적은 속에 앉아서 에너지를 소모시켜야 하는 정중동의 수행은 보이지 않는 가운데 엄청난 기력 소모를 야기한다. 자칫 건강을 소홀히 했다가는 수행생활을 이어갈 수가 없는 것이다. 그러므로 나름 건강법을 실천하지 않으면 안 된다. 주로 앉아서 수행하다 보니 앉는 것 자체가 건강관리가 되고 공부도 되는 일거양득의 방법을 실천하며 나아가게 된 것이다. 그것이 바로 본서에서 소개하고자 하는 건강법인 '부처님처럼 앉으라!' 라는 건강법이 되었다. 그러므로 이 건강법은 일반인은 물론 자리에 앉아서 공부하는 학생, 탁자 앞에서 업무를 처리하는 직장인 그리고 수행생활을 하는 분들에게는 매우 유익한 건강법인 것이다.

거지같이 앉지 말고 부처처럼 앉아라!

간혹 볼일이 있어서 시내에 나가게 되는데 길거리에 가다보면 육교에 거지가 엎드려 있는 것을 보게 된다. 죽을죄를 지은 사람처럼 고개를 바닥으로 떨어뜨리고 엎드려 있는 것이다. 순간 뇌리에 떠오르는 것이 있다. 다름 아니라 만약 누군가가 저러한 모습으로 석 달만 계속 주저앉아 있다면 거지가 되고도 남겠다는 생각을 해 보게 된다.

사람은 자기가 소속된 분야에서 잘 나가면 앉고 서는 자세가 반듯하게 되어 있다. 뻗어 나가는 기세가 거칠 것이 없는 시기에는 하는 일 뿐만 아니라 허리와 등이 반듯이 펴져 있는 것이다. 그러다가 잘 나가던 기세가 꺾어지기 시작하면 마음도 위축되고 척추도 중심을 잃어가면서 휘어지게 된다. 멀쩡하던 어깨는 돌아가고 등은 쪼여지고 가슴은 좁혀져서 내부 장기들이 압박을 받아 하나씩 병이 생기기 시작하는 것이다.

잘 나가는 회사의 사장님이나 고위직에서 큰 소리 치고 지내는 지체 높은 분들을 보면 등이 굽어 있거나 가슴이 좁혀져 답답한 분들이 거의 없다. 가정에서 살림만 하고 지내는 주부라 해도 안정된 생활 속에 밝은 모습을 하고 지내는 분들도 마찬가지이다.

어제는 경남 창원에 계시는 보살님께서 점심식사를 초대하여 자택을 방문할 기회가 있었다. 덕분에 영양보충도하고 마당에 뒹굴고 있는 호박도 얻어 올 수 있었다. 오는 정 가는 정이라고 밥값은 해야 되겠기에 잠시 보살님 몸을 보살펴드리기로 마음을 먹었다. 일견하여 몸이 심하게 왜곡되어 곳곳이 병 투성이다. 차로 말하면 폐차 직전의 상황이니 그러한 몸을 이끌고 살아가는 본인의 고통은 말로 표현할 수 없을 지경일 것이다.

우선 쉽게 실천할 수 있는 교정 자세를 알려드리고 따라 해보라 하니 불편함을 호소하신다. 그래도 이대로 두면 상태가 더욱 어려워질 것이니 불편함을 무릅쓰고라도 해나가야 한다는 것을 강조하며 하루 세 번 꼭 실천하실 것을 말씀드렸다. 일주일만 꾸준히 실천하면 가슴이 답답하여 숨 차는 증세부터 없어지면서 자신도 이대로만 실천하면 반드시 건강해 질 수 있다는 자신감을 갖게 될 것이다. 시간이 많이 흘러 자리에서 일어나며 다시 자세의 중요성을 일깨어 드릴 요량으로 "보살님! 오늘 부터는 거지처럼 앉지 마시고 부처님처럼 앉으세요!"라고 인사말을 남기도 돌아왔다. 부처님처럼 바른 자세로 앉는 것은 건강뿐 아니라 막힌 운을 열고 행운의 기운을 받아드리게 되는 운명개척의 비결이기도 하다.

진실과 현실

자신의 몸과 정신과 마음의 균형과 조화를 추구하는 사람들은 진실의 길을 걸어간다. 인생사 백년이라 해도 살다보면 번개같이 지나감을 실감하게 된다. 태어난 사람은 반드시 한 번은 죽게 되어 있다. 당신은 죽은 뒤 묘비명에 "여기 한 생을 거짓으로 살다간 인간 아무개가 묻혀 있다."를 바라지 않을 것이다.

오래도록 이 땅에 머물다 간 사람이어야 중요한 것이 아니라 하루를 머물다 가드래도 진실을 가슴에 품고 죽을 수 있는 사람이기를 바라야 한다. 그러려면 우선적으로 그 무엇에도 의지하지 않고 자기 스스로 홀로서기를 하여야 한다. 그것이 부처님이나 절대자인 신이나 권력이나 재물 등 그 무엇이라도 의지하지 않고 당신의 마음 가운데 한 점의 점도 찍지 않은 순백의 마음으로 당당히 설 수 있어야 한다.

부처, 예수, 공자 같은 성인들은 진실의 길을 걸어간 사람들이지만 그러나 그들이 당신의 위에 있는 것을 허용해서는 홀로서기는 불가능하게 된다. 자기를 바로 세워 진실의 길을 가고자 한다면 지금 당장 허리를 세우고 등을 펴서 가슴을 활짝 열리게 하여야 한다. 그러면 당신의 몸은 바로 서고 정신은 헤매는 혼미에서 벗어나고 마음은 그 무엇에도 현혹되지 않는 평정심을 유지할 수 있을 것이다. 그런 뒤에나 당신이 현실 속에서 할 수 있는 일을 찾아보기 바란다. 당신을 위해서가 아니라 순전히 그들의 필요를 채워주기 위해서 사는 것이 즐거움이 되는 그런 삶의 길이 될 것이다.

생각의 종에서 마음의 주인으로 거듭나기

몸을 다스리기 시작하면 명현暝眩현상이라 불리는 불편한 진실이 드러나게 된다. 자신도 모르고 지냈던 몸의 불편한 증상들이 여기저기에서 모습을 드러낸다. 그래서 건강을 위해서 시작한 운동이 뭔가 잘못된 것은 아닌지 걱정하기도 하지만 운동이 지속되면서 점차 없어질 것이니 걱정할 필요는 없다. 이것은 참선체조로 인하여 평소 불편하던 몸의 각 부분이 '자기 고백'을 하는 것과 같다. 몸의 어느 부분이 잘못된 것인지 몸 스스로 신고식을 하는 것이라 할 것이다. 마음수행의 과정에서도 마찬가지로 비슷한 과정을 거치게 된다. 수행의 처음에는 온갖 생각들이 일어나게 되면서 평소 자신을 힘들게 했던 온갖 생각들이 꼬리를 물고 일어나게 된다. 일종의 수행을 통해서 이뤄내는 거듭남의 과정을 경험하는 것이기도 하다. 이것이야 말로 진실한 '고해성사' 과정이라고 할 수 있다. 창조본연의 청정하고 순수한 마음을 가리고 거짓이 진실인양 왕 노릇 하며 설쳐대던 것들이 하나하나 살아지는 과정을 보여주게 되는 것이다. 이 때 일어나는 온갖 현상에 대하여 긍정이나 부정도 하지 말아야 한다. 긍정이나 부정을 하게 되면 생각이 지어내는 노름에 휘말려 들어가게 되기 때문이다.

인간이기 때문에 갖는다는 자유의지의 횡포로부터 벗어날 수 있는 유일한 길은 '간섭의 유혹'을 떨쳐내는 것이다. 이러한 태도는 하나의 생각 곧 잡념이 사라지는 순간까지 지속되어야 한다. 그리하여 영겁의 세월 속에서 겹겹으로 쌓여있으면서 참 나를 대신하여 주인 노릇을 해 오던 생각의 먼지를 훌훌 떨쳐내고 청정한 마음의 빛, 곧 지혜로써 세상을 밝히는 삶이 되어야 한다.

수행을 통해서 나라고 고집하던 하나의 잡념生각마저 살아져 버리면 이를 무념無念이라 하고 무아無我 또는 무아지경無我之境이라고 한다. 반야심경에서 주장하는 공空의 실존이 바로 이것이다. 금강경에서 말하는 "응당 집착하지 않고 마음을 쓴다."는 것은 바로 이 경지에서 행해지는 무위無爲를 말한다. 그러므로 참선체조에서 강조하는 건강의 개념은 몸에 그치지 않고 정신을 맑히고 마음을 밝히는 깨달음의 지경까지 이르는 것을 최종 목표로 삼는다.

놓으면 열리고 열리면 새롭다

　　　　　우주는 사통팔달로 열려 있어 항상 새로우며 같은 것이란 존재하지 않는다. 오늘의 몸은 더 이상 어제의 몸이 아니요 오늘의 생각이 더 이상 어제의 생각이 아니요 오늘의 마음이 더 이상 어제의 마음이 아니니 무엇을 보고 이것이 '나'라고 할 것이 없다. 오늘의 몸은 전생의 나의 몸이 아니요 오늘의 정신은 전생의 나의 정신이 아니요 오늘의 마음은 전생의 나의 마음이 아니다. 단지 기억만이 오늘의 나를 어제의 나로 동일시하는 것이다. 기억! 그것은 긴장의 산물이요 긴장을 일으키게 하며 현실을 집착케 하고 자유로운 영혼인 나를 한정된 틀 속에 가두는 족쇄이다. 이완이란 바로 기억으로 부터 자유로워지는 것을 말하는 것이며 몸과 정신과 마음을 있는 그대로 내버려 두어 긴장으로부터 벗어나게^{이완} 하는 것을 말한다. 그리고 거기에 '깨어있음'이 있어 마음은 항상 행복한 것이다.

　놓고 열리고 새롭게 하기 위해서 일상의 자신에게 주어진 책무를 거부하고 산수 좋고 공기 좋은 산사나 전원생활을 생각할 필요는 없다. 무너지고 있는 몸을 수리하고 갈등하고 있는 정신을 수리하고 어두워진 마음을 수리하여 행복한 사람이 되기 위해서 몸과 정신과 마음을 사용하는 방법을 알아야 한다는 것을 애기하고자 하는 것이다.

　갓 출생한 아기는 깊은 심호흡을 하고 있으며 그의 몸은 이완되어 있는데, 그것은 생존을 위한 치열한 몸부림이나 삶을 향상시키기 위한 어떠한 욕망도 없기 때문에 가능한 일이다. 그러나 성인이 되어 가면서 생존욕구와 삶에 대한 욕망이 증대되면서 깊은 복식호흡에서 얇은 흉식호흡으로 변해 간다. 그리고 그 중심에는 긴장과 이완의 균형이 깨어져서 자율신경 기능이 제대로 작동하지 못하고 있다. 들이 마시는 숨과 함께 횡격막이 내려가고 내 쉬는 숨과 함께 횡격막이 올라가는 운동을 해줘야 기운이 복부까지 내려가는데 횡격막이 굳어 있으므로 기능이 제대로 작동되지 못하고 있는 것이다. 그러므로 인위적으로 숨 쉬는 것을 신경 쓰지 않아도 횡격막을 제대로 움직이게 하는 것만으로도 복식호흡이 가능하게 할 수 있다는 것이다. 긴장의 연속 가운데 살아가는 현대인은 혼자 있어도 불안하고 온갖 생각 속에 갈등을 겪고 있으며 잠을 자는 시간에도 몸부림을 치면서 잠꼬대를 하고 이를 갈기도 한다. 정작 휴식하며 이완되어 있어야 할 시간에도 그렇게 되지 못하는 불안한 존재가 되어 있다.

살아 있다는 것은 운동하고 있다는 것으로 긴장과 이완이 원만하게 이어져야 한다. 수행이란 몸을 최대한 이완하는 속에 정신을 깨어있게 하여 마음 가운데 행복을 느끼는데 있다. 그러므로 참선, 명상, 염불을 할 때에는 평상시 긴장된 몸을 최대한 이완시키는 체조를 하고 난 이후에 바른 자세로 앉아서 실시하여야 한다. 긴장된 몸으로 진행되는 수행은 도리어 몸과 정신을 혼란에 빠트리고 거친 호흡 속에 마음을 괴로움에 빠지게 한다. 그래서 참선체조 운동은 몸과 정신의 긴장 상태를 해소해서 현실의 집착으로부터 벗어나 '놓고', '비우게' 해서 긴장으로 만들어진 억압상태를 해체시키는데 있으며 이어서 깊은 자연호흡을 할 수 있도록 만들어 준다.

제 2 장

부처처럼 걸어라

걸을 땐,
허리를 반드시 세우고,
등과 어깨를 활짝 펴서,
시선은 15° 전방에 두고,
지축이 진동할 정도로 걸어라!
그리하면 가슴이 활짝 열려서,
행운과 만복萬福이 가득할 것이다.

부처처럼 걸어라!

선방의 스님들 생활을 보면 용맹정진 시간을 제외하곤 50분 정진에 10분간 경행經行을 한다. 단순히 운동 삼아서 걷는 것이 아니라 정진의 연장선에서 이뤄지는 지속적인 수행의 모습인 것이다.

이 경행을 통해 앉아서 정진하는 동안 굳어진 근육의 굳어짐을 풀어내고, 비틀어진 골격을 바로잡으며, 수행하는 동안 쌓인 마음의 긴장을 해소시키는 작업을 하는 것이다. 그러니깐 그냥 걷는 운동이 아닌 수행과 수행 사이에서 수행에 필요한 몸 정리 작업이 이뤄지고 있는 셈이다.

불교에서 걷는 것의 역사를 살펴보면 부처님께 법을 청할 때 부처님 주위를 세 바퀴 돌고 부처님 발에 절을 하고 한쪽에 물러나 서서 예를 갖추던 것으로부터이다. 부처님 열반 후에는 부처님 사리를 모셔 논 탑을 중심하여 돌다 점차 세월이 지나면서 불상을 모셔놓고 도는 의식으로 변하게 되었다. 이 도는 모습에서 절대의 진리를 추구하는 수행자의 당당함과 절도와 예의를 읽어볼 수 있는 것이다. 일반 신도들 속에서도 경행이라는 의식을 찾아볼 수가 있는데 경전을 독송하며 부처님 주위를 돌거나 불보살의 명호를 외우면서 탑을 중심하여 돌면서 재앙을 떨쳐내고 복을 빌었던 것이다.

오늘날에는 건강차원에서 걷는 것의 중요성이 강조되면서 특정한 방식의 걷기방식이 강조되기도 하며 걸으면서 움직임을 관찰하는 행선이나 명상법이 소개되기도 한다. 스님들은 손뼉을 치면서 걷기도 하는데 그렇게 되면 손에 연결된 모든 내장의 반응점이 자극을 받아서 몸과 마음의 굳어짐이 풀어지며 기운의 순환을 촉진하여 혈액의 정화효과가 나타난다. 걸으면서 발바닥을 자극하면 효과는 더욱 커지게 된다. 이렇듯 스님들은 걷기를 통해서 몸과 마음을 다스린다. 걷는 것에 대하여 좀 더 들어가 보기로 하겠다. 우리는 자기 자신에 관심을 갖고 사랑하는 것 같아도 자세히 살펴보면 꼭 그렇지만은 않다는 것을 알 수 있다. 마음의 문제나 몸의 문제 모두 그렇다. 태어나서 사회가 요구하는 인간으로 만들어지는 과정에 매달려 있을 뿐이지 삶의 주체인 자기의 몸과 정신을 너무나 혹사시키고 있다. 그 결과 마음은 괴로운 것이다. 그러다 보니 주체인 몸과 마음이 주인으로써 대접을 받지 못하고 삶의 수단으로 전락되어 종노릇을 하며 세월을 보내다 보면 몸과 마음이 만신창이가 되고 마는 것이다. 평소에 무관심 속에 방치된 것도 없어지고 보면 귀한 것을 알게 되듯이 몸이 여기저기 망가져서 아프고 마음도 이러저러한 일들로 상처를 입고 고통을 당했을 때 비로소 관심을 갖게 되는 것이다.

아파서 끙끙거리며 몸에 필요하다는 약을 찾고 의사를 찾아 몸을 맡기고 좋다는 먹을거리를 찾아 값비싼 대가를 치르고 구입해 먹기도 한다. 요즘은 몸 안에 쌓인 독소를 빼주어 난치병을 치료하고 현대의학으로는 해결 불가능한 일을 대체요법을 통해서 해결할 수 있다는 기대 속에 하나의 붐이 조성되어 있는 듯하다. 그러나 이미 무너져 내리는 몸을 붙들고 몸부림친다 해서 쉽게 건강을 회복하기는 쉬운 일이 아니다. 평소에 자신의 건강을 자신이 굴리고 다니는 자가용만큼이라도 챙겨준다 해도 몸이 크게 망가지는 것을 미연에 방지할 수 있을 것인데, 몸을 부려먹기만 하고 안전점검을 방치하며 지내다 보니 회복 불가능한 상태가 되어 있는 것이다. 병으로 신음하는 사람들을 관찰해 보면 어느 질환으로 고생을 하던 대부분 어긋난 자세를 가지고 있다는 것이다.앞뒤, 좌우, 위아래 중 어느 한 쪽으로 기울어져서 과도하게 한쪽으로 무게 중심이 쏠려있다는 사실이다. 그래서 균형이 상실된 채 여기저기 짓눌려 있는 몸은 살겠다고 몸부림을 치고 있는 것이다. 그러다보니 몸은 굳어지고 무기력하여 숨을 헐떡거리고 있는 것이다. 그래서 정도의 차이가 있을 뿐 모든 사람들은 절음발이나 다름없는 병증을 갖고 산다.

인체공학에서는 중요한 지식 하나를 제공하고 있다. 그것은 우리가 서거나 걸을 때 자세에 대한 정보이다. 허리를 세우고 가슴을 펴서 시선은 15° 상방에 두면 건강한 척추의 S라인을 유지하게 된다는 사실이다. 석탑의 기단부에 해당하는 골반과 허리를 바로 세워야 탑이 곧게 쌓여 올라가듯이 우리 가슴은 펴지고 등은 뒤로 약간 만곡을 이루며 우뚝 서게 되는 것이다. 만약 골반과 허리가 어느 한쪽으로 기울게 되면 등과 몸을 이루는 흉추와 경추가 중심 라인에서 벗어나 연속적으로 뒤틀림에 따른 병증을 발생하게 되는 것이다. 속리산 법주사에 가면 미륵불 입상이 당당하게 서서 찾아오는 사람들을 반기는 것을 볼 수 있는데, 자세히 살펴보면 건강의 상징인 S자 만곡을 이루고 있는 것이다.

필자는 오랫동안 앉거나 서거나 걸을 때 고개를 숙이는 버릇에 길들여져 왔었다. 고개를 드는 것은 하늘을 거역하고 윗사람에 대한 예의가 아니라 하여 고개 숙임에 익숙해져 왔던 것이다. 출가하여서는 수행 중이거나 보행할 때에 고개를 약간 숙이는듯하게 턱을 가슴 쪽으로 당겨야 한다는 말에 그냥 적당히 당기고 있었지 그것이 인체공학적으로 어떤 작용을 하는지는 알지 못했다. 그런데 그 말이 지닌 속뜻을 헤아려 턱을 귓불 – 어깨

– 손목 – 발 복사뼈로 이어지는 측면 정중선에 정렬을 시키라는 뜻을 담고 있었던 것이다. 시선을 15°상방에 두면 척추는 자연스럽게 S라인을 이루게 되는 것이다. 척추는 허리에서 머리를 지탱하는 경추에 이르기 까지 하나의 줄로 이어져 있는 것과 같아서 천정을 바라보는 시선을 하고 고개를 뒤로 젖히면 등과 허리까지 댕겨 올라 오는 것을 알게 된다. 또한 턱을 가슴 쪽으로 당기면 긴장감이 일어나고 오래 이 같은 동작을 지속하게 되면 경직되게 된다. 목을 앞으로 수그리면 몸과 정신이 무기력증을 일으키게 된다. 이렇듯 하나의 자세에 따라서 몸과 정신에 미치는 영향이 큰 것이다. 그러므로 허리는 세우고 가슴은 펴서 시선을 15°상방에 두며 자연스럽게 척추가 S라인을 확보하여 건강체를 이루게 된다.

필자는 어릴 적에 아버지께서 뒷짐을 자주하고 다니시던 모습이 기억 속에 생생히 남아 있다. 그러한 영향 탓이었는지 내 자신도 초등학교 시절부터 뒷짐 자세로 걸어 다니는 경우가 많았는데 이러한 나의 모습이 이웃들에게는 하나의 웃음꺼리가 되곤 하였다. 이러한 뒷짐 자세의 걸음걸이도 차츰 커가면서 잊어버리게 되었다. 출가한 이후에 큰 스님들이 뒷짐을 지고 절 마당을 다니시는 걸 보고 아득한 기억 속에 남아 있던 옛 기억이 새롭게 일어나기 시작하였다. 그런 모습에다 어~흠! 하고 큰 기침소리라도 하실 것 같으면 감히 범접할 수 없는 위엄이 느껴지곤 하였다. 그래서 그러한 자세는 큰 스님 칭호를 받는 경우에 나 취할 수 있는 것으로 한 때는 생각되기까지 하였다. 지금에 와서 생각해 보면 뒷짐 자세야 말로 허리를 세우는데 아주 좋은 방법임을 알 수 있다. 허리가 바로 세워져야 상체의 무게중심을 허리에서 받칠 수 있는 것이다. 눕거나 앉거나 서거나 걸으나 항상 유념해야 할 점은 허리를 곧게 펴서 세워져 있어야 한다는 것이다.

모든 건축의 기초는 그 위에 쌓아 올린 막중한 무게를 지탱해 내는 역할을 한다. 만약 기초가 부실하다면 머지않아 균열이 가고 무너지고 말게 된다. 삼풍백화점이 무너져 내린 내막에는 건물의 기초부분이 부실하여 위에서 주어지는 무게를 감당할 수 없어 무너져 내린 경우라 할 것이다. 인체공학에서는 골반과 척추의 변위에 고관절이 개입되어 있다는 사실을 알게 되었다. 위로 골반과 경추, 흉추, 경추의 문제와 아래로 무릎과 발목의 문제는 고관절이 위치를 벗어나서 틀어져 있다는 것을 알아냈다. 이 고관절이 전후좌우로 뒤틀리거나 빠지게 되면 그 영향은 아래로 무릎과 발목, 위로는 치골과 엉치를 포함한 골반전체에서 허리, 등, 목까지 영향을 주어 인체 골격기관 전반을 변화시켜버린다.

사람은 누구나 평소 자신의 걸음걸이가 어떠한지 살펴보면 무게중심이 인체의 정중선을 벗어나 기우뚱하게 걷고 있음을 발견하게 될 것이다. 발바닥도 움푹 파인 중앙부가 바닥에 닿지 않고서 위에서 누르는 무게를 발바닥 세 부분으로 분산시키는 조절을 해내고 있는데 고관절이 틀어져 있으면 발뒤꿈치, 엄지발가락뿌리, 새끼발까락뿌리 중 어느 한쪽으로 치우쳐있게 된다. 이것은 골반의 뒤틀림과 척추전체의 이상으로 발전하여 각종 질병을 발생할 수 있는 신체환경을 갖게 한다.

걸을 때는 발의 무게중심이 발뒤꿈치, 엄지발가락 뿌리부근, 새끼발가락 뿌리부근 이렇게 세 점이 주어지게 되고 그 중심에는 움푹 파인 중앙부위가 오게 되어 있다. 여기서 중심이란, 뜻은 발 중앙 부위의 아치형태가 몸이 바닥을 밝고 섰을 때 주어지는 충격을 흡수해내는 작용을 한다는 뜻인데 고관절이상은 이 중심점을 이동시켜버린다. 발바닥 중앙이 힘의 중심점에서 벗어나게 되면 발목, 무릎, 허리, 등, 목이 중심선에서 벗어난다. 부처님의 제자로서 수행의 길을 걷는 스님들의 보행하는 모습을 보면 건강의 상징인 S라인을 유지하고 있는 것을 발견할 수 있다.

운동선수로서 운동의 특성상 어느 한 쪽의 근육과 뼈를 주로 사용하여 개발해야 하는 경우라면 모를까 일반인으로서 건강을 관리하는 것이라면 건강의 척도인 S라인을 유지할 수 있도록 하는 운동만으로 충분하다고 할 것이다. 그러므로 나이 들어가면서 건강을 위하여 건강라인을 무너트려가면서 과도하게 운동하는 것은 나중에 모두다 병의 원인이 된다는 것도 알아야 한다.

방석좌부동은 수평을 원 한다.

기도나 참선을 하는 경우에 보면 굽어진 등과 허리를 펴기 위해서 방석을 접어서 앉는 경우가 많다. 이렇게 하지 않고 오랜 시간 앉아 있다 보면 몸이 한쪽으로 쏠려서 중심을 잃어버리게 된다. 그러나 수행자는 언제 어디서나 맨 바닥 위에서 허리를 세우고 가슴을 펴서 앉을 수 있는 훈련이 되어 있어야 한다. 그래서 방석을 이용하더라도 접지 말고 펴진 상태위에 그대로 앉아서 중심을 잡는 습관부터 들여야 한다. 인간은 대지 위에 맨 발로 중심을 잡고 설 수 있어야 하며 또한 앉을 때에도 그렇게 되어야 한다. 이는 깊은 집중력이 하늘을 떠 받칠만한 곧은 척추 속에서 나오기 때문이다.

몸의 중심이 흐트러지면 등과 어깨와 목이 굽어지고 근육이 굳어져서 신경쇠약에 혈액순환 불순을 초래하게 된다. 가슴으로 연결되는 기혈이 막혀 답답하고 등은 쪼이게 되며 목의 무게에 당겨 몸은 앞으로 자꾸 쓸어지려 하고 정신마저 혼미해 져서 번뇌가 치성하다가 졸음에 빠지기도 한다. 그런가 하면 몸이 아파서 정신 집중과 마음의 평정심을 유지하기가 어려운 것이다. 이는 기도나 참선을 한다고 해결되는 것 이 아니라 자신 스스로 해결해야 할 문제이다.

등이 펴져야 가슴이 활짝 열려서 허공을 품을 수 있는 그릇이 되는 것이다. 가슴이 막히면 마음 길도 막힌 사람이니 바로 앞에 길이 있고, 길 위에 서 있건만 길을 묻는 어리석은 사람이 되는 것이다. 수행자는 천 하나 몸에 두르고 대지 위에 그대로 중심을 잡고 태산처럼 요지부동한 자세로 앉을 수 있어야 한다. 마치 절 마당에 우뚝 솟아 있는 장중한 석탑처럼!

그리고 가능한 일상생활 속에서 등을 기대고 앉은 습관을 멀리해야 한다. 그것은 이미 자기중심을 잃어 버렸다는 것이 되니 도에서 멀어진 것이 된다. 방석을 높이 쌓아 올려서 몸의 중심을 잡으려고 하면 안 된다. 처음에는 힘이 들지만 바닥 위에서 중심을 잡도록 노력해야 한다. 수행자에게 척추는 우주를 떠받치는 기둥이며, 하늘과 땅의 기운을 잇는 다리요 통로이다.

자세의 차이

대인배는 그의 자세에 당당함이 배어있고 상대가 함부로 대할 수 없는 위엄이 서려있지만 동시에 유연함과 온화함도 잃지 않는다. 그러나 소인배의 자세에는 당당함 보다 거드름을 피우며 거만한 분위기에 경직되어 냉랭함을 느끼게 한다. 아부를 모르는 대인배의 자세는 본서에서 얘기하고자 하는 건강한 척추의 S라인을 유지하고 있지만, 손 비벼대기를 쉽게 하는 소인배는 척추라인이 정상에서 벗어나 있는 것을 볼 수 있다. 즉 자세가 그 사람의 생리, 심리, 사고의 흐름까지 영향을 미친다는 것이다. 몸의 자세가 건강을 좌우하는 것에 머물지 않고 삶의 자체까지 좌우하는 것이니 자세의 중요성은 아무리 강조해도 무리가 아니다. 누누이 강조하지만 눕고, 앉고, 서고, 걷는 가운데 건강을 상징하는 척추의 S라인을 유지하도록 몸 움직임을 살피는 노력이 필요하다.

이 사회를 책임지고 살아가는 어른들의 어깨를 살펴보면 삶의 힘겨움을 몸 상태가 그대로 대변해 주고 있는 것 같다. 기진맥진이라고 표현함이 적당할 것이다. 과중한 삶의 무게를 버티고 서있으려니 그 힘겨움에 허리가 휘어지는 것이다. '가정을 위하고 조직을 위해서 자기 하나 희생양이 되고 말지!' 하는 비장한 각오만이 자신을 지켜내고 있는 것처럼 측은한 마음이 든다.

어른들의 뒤를 이어 사회를 책임지고 나가야 하는 학생과 청년들의 모습 또한 경쟁사회에 뛰어나갈 준비를 하느라 비장한 각오를 단단히 준비하고 있는 것처럼 읽어진다. 아직은 부모님으로부터 제공받은 생명력이 샘솟듯 하는 청춘이기 때문에 그래도 지금은 봐줄만 하지만 그들도 머지않아 지금의 어른들의 뒤를 따라갈 것이다. 그리고 어느 날 그들의 모습에서도 지금의 어른들이 보여주는 휘청거리는 허리, 좁혀진 어깨, 휘어진 등골을 보게 될 것이다. 얼마 전에 시내 음식점에 식사하러 들렀는데 음식 주문을 하고 기다리는 시간에 주변에 식사하는 사람들의 자세를 살펴보다가 내 자신의 앉아있는 모습을 의식하고 전혀 다른 세상에 와 있는 것처럼 느껴졌었다.

식당에 앉아있는 모습들이 서로들 약속이나 한 것처럼 기우뚱한 모습으로 엉거주춤 이라고 하는 것이 맞을 것 같다. 허리와 등을 바로 펴서 앉아 있는 바른 자세의 사람은 단 한 명도 보이지 않았다. 흡사 전쟁에 패한 패잔병들이 여기 저기 웅크리고 앉아 있는 그런 모습과도 같았다. 몸을 저리도 뒤틀리게 앉아있으니 몸 안에 있는 심장, 폐, 위장, 간장, 신장, 대소장 등이 압박을 받아서 제대로 숨을 쉴 여유로운 환경이 될 수 없는 것이다.

뒤틀린 근육은 긴장 속에 굳어지고 신경은 쇠약해 질대로 약해져서 지치게 되고 신경이 지배하는 장부와 기관이 제대로 움직일 수가 없는 것이니 병을 만들고 사는 꼴이다. 만약에 저런 잘못된 자세로 앉아 있는 임산부가 있다면 어머니의 몸에 짓눌린 태아는 숨이 막힐 것이다. 어긋난 자세들로 병을 스스로 만들고 사는 주변 사람들의 모습에서 안타까움을 금할 길이 없다.

신성불가침 영역인 자궁

태아가 머무는 자궁은 신성神聖한 영역이다. 신은 물론이거니와 인간도 침범하거나 간섭할 수 없는 곳이다. 태아는 바로 천상천하유

아독존적인 존재이다. 그러므로 태아에게 최대의 선물은 어려운 외국어나 위인전을 읽어주거나 부모가 기대하는 인물상을 떠 올리며 뭔가를 들려주고 보여주려고 하는데 있지 않다. 280일 동안만이라도 자궁아이의 집에서 휴식을 취하며 건강하고 양호한 몸과 그 무엇에도 오염되지 않고 그 어떠한 위대한 작품에도 자극 받지 않은 순백의 마음과 정신을 가지게 하는 것이라고 할 수 있다. 그래서 산모가 잡다한 생각에서 벗어나 마음을 비우고 명상을 하는 것은 그 무엇에 비교할 수 없는 태아에게 바치는 위대한 선물인 것이다. 태아는 이 세상에 태어나자마자 세상의 일원으로 적응하기 위해 어른들이 만들어놓은 수많은 적응과정을 거치면서 자기의 천부적인 색깔과는 전혀 상관없이 길들어지는 험난한 과정을 살아나가야 한다. 그러므로 태아의 시간만이라도 '비움'의 행복을 만끽하도록 해주어야 한다. 또한 자주 명상음악을 들어서 몸과 정신의 율동이 통일되게 하고 마음이 평정심을 갖게 해서 자연적으로 행복한 마음이 충만하도록 해 줄 필요가 있다. 그렇게 되면 태아는 건강한 몸에 높은 정신기능과 밝고 명랑한 마음을 지니고 태어나게 된다.

오늘날 어른들의 교육열이 이제는 태아에게까지 조기교육열풍속으로 몰아넣고 있는 불행한 현실이다. 적어도 태아로 지내는 열 달 동안만이라도 어른들의 손을 타지 않고 순백의 상태로 길러지기를 바랄뿐이다. 그렇게 되려면 산모가 마음을 비어내야 한다. 어른들에게 필요한 부분을 태아에게는 강요해서는 안 된다는 것이다. 산모의 골반과 척추 상태는 태아의 신체와 정신을 형성하는데 직결되어 있다. 그러므로 산모는 허리를 세우고 가슴과 어깨를 활짝 편 자세를 유지하는데 신경을 써야 한다. 절대 무리한 동작을 취해서는 안 된다. 산모가 불편한 자세를 취하게 되면 즉시 태아가 불편한 상황에 놓여서 몸과 마음이 움츠려들게 된다.

산모의 자궁환경의 근간은 골반과 척추의 상태에 의해 결정되어 태아의 신체발육과 정신, 정서형성에 직접 영향을 주게 된다. 그러므로 산모가 비틀어지게 자세를 취하게 되는 것은 자신의 몸과 정신과 마음은 물론이거니와 태아의 몸과 정신과 마음을 좌우하고 운명에 큰 영향을 미치게 되는 것이다. 이 점을 유의하여 바른 자세유지에 노력해야 한다. 이것이 산모에게 주어진 숙제이다.

바른 자세란, 허리를 세우고 등과 어깨를 펴야 가슴이 열려서 평정심이 일어나고 행복한 마음이 생기는 것이다. 이런 상태에서 목을 반드시 세워야 정신기능이 높은 태아가 만들어 지게 된다. 현대인들은 많은 시간동안 책상 앞에 앉아서 일을 보고 거기다 컴퓨터를 만지다 보니 더욱 움직일 시간이 줄어들어 있다. 취미활동도 밖에서 움직이며 하는 것 보다 컴퓨터를 통해서 하는 경향이 많아지게 됨으로써 운동량이 턱없이 부족한 상태다. 그러다보니 굳어진 목을 과도하게 사용하는 것이 되어 목으로 인한 병들이 많다. 목 디스크, 치매, 중풍, 뇌종양, 갑상선, 시력, 이석증, 불면증, 두통, 어지럼증 등 많은 종류의 병들이 목의 건강과 연결되어 있는 것이다. 그러므로 산모는 목을 반듯하게 세워 15°전방에 시선을 두고 생활하는 것을 잊으면 안 된다. 앞 서 말씀드린 대로 허리 – 등 – 목까지 하나의 줄로 연결되어 있는 것과 같아서 허리를 세우면 비로소 등을 펼 수 있고 목을 바로 세울 수 있으며 반대로 목을 바로 세우면 등을 펴서 허리를 세울 수가 있게 된다. 이 점만 유념하면 산모와 태아의 건강은 최적의 환경을 확보한 것이 되며, 건강한 아이로 태어나게 될 것이다. 이러한 아이는 당연히 많은 복을 지닌 아이로 태어나게 된다.

기울면 무너진다.

건강의 기본 개념은 머리와 몸을 지탱시켜주는 수평의 골반 위에 척추가 S라인을 이루고 서 있는 것이다. 인간의 정신, 물질이라는 양면의 활동은 건강의 터전 위에서만이 가능한 것이다. 기본이 무너져있으면 사상누각처럼 정신이나 물질도 한 순간에 사라질 수 있는 것이다. 이러한 원칙은 개인, 가정, 국가사회에 그대로 적용되고 있다. "마음이 청정해야 세상이 청정하다"는 불가의 말씀이 있다. 마음이 오염되어 있으면 그 사람이 그려가는 인생사는 자연히 더러울 수밖에 없는 것이다. 그리고 그 마음은 어그러진 토대위에 서 있는 가슴과 두뇌의 산물이다. 필자는 사람을 만나게 되면 습관적으로 맨 먼저 그 사람의 코를 쳐다보게 되는데 그 이유는 코의 생김새를 보면 그 사람의 골반과 척추의 생김새가 읽어지기 때문이다. 몸의 중심선에 척추가 있다면 얼굴의 중심선에는 코가 있는 것이다. 많은 사람들의 코가 뒤틀려 있는 것은 그만큼 척추병 환자가 많다는 것이다. 심한 사람들이야 병원에 가서 치료를 받고 있겠지만 머지않아 병원에 가야 할 사람들까지 포함하면 보다 많은 사람들이 척추병 환자이다. 인체의 대들보인 척추가 휘어지면 자율신경이 압박을 받아 해당 장부와 기관의 기능이 제대로 작용하지 않게 되어 각종 질환을 발생시키는 중요한 원인으로 작용하고 있으니 이를 생각하면 골반과 척추의 중요성을 백번 강조해도 부족함이 없다.

줏대중심있는 삶을 살자!

　　골반이 수평을 이루어 바로 서 있고 허리와 등이 반듯한 사람은 하늘땅의 기운이 자연스럽게 자신을 통해서 소통하는 관계로, 하늘땅만큼이나 도량이 넓어 세상을 가슴에 끌어 앉아 품으려는 원대한 포부가 자연히 일어나고, 먼 곳까지 내다보는 안목인 선견지명 또한 자연히 열리게 된다. 그러나 몸이 균형을 상실하면 천지가 소통하는 관문으로써의 자신이 되지 못하고 천지가 불통하는 속에 한쪽 귀퉁이에 떨어진 고아처럼 세상과 단절된 상태에 떨어져 살게 된다. 몸과 함께 마음도 중심을 잃어버리게 되니 세상을 경영해 나갈 계획이나 의욕이 약할 수밖에 없는 것이며, 억지로 애를 써가며 노력을 해도 그 성취는 미미할 수밖에 없다. 중심에서 벗어나 비정상이 판을 치는 세상은 모두 몸이 망가진 사람들의 세상이라고 해도 과언이 아니다. 아무리 공정사회를 부르짖고 비정상의 정상화를 외친들 이미 자기 몸이 중심을 잃고, 자기 마음 또한 중심을 잃고, 자기 생각이 중심을 잃어버린 사람들이 사회의 공정한 중심을 세우기는 어렵다. 자기 삶의 주인으로서 중심을 지키지 못하고 자기 삶의 중심에서 벗어나 겉도는 사람들에겐 세상을 공정하게 관리하고 운영한다는 것은 도달할 수 없는 불가능한 일이 되어 있는 것이다. 남북문제, 좌우의 대결, 동서의 갈등, 세대 간 단절, 종교적 신념의 충돌, 국가이기주의 등 수많은 문제의 바탕에는 개인의 사고와 심리의 문제가 있고 그 뿌리에는 중심을 이탈하고 한쪽으로 기우러 있는 몸의 구조적인 문제와 연결되어 있다는 것을 알아야 한다.

　　척추가 골반위에 바로서면 애써 노력하지 않아도 자신이 삶의 중심에 자연스럽게 서게 된다. 지금까지 어느 일방을 편들어야 되는 그런 일은 다시는 생기지 않는다. 그에게는 선택의 문제는 다시는 없을 것이다. 그에게는 오직 자기의 삶만이 존재한다. 자신 앞에 펼쳐지는 모든 삶의 현실에 자신이 주인이 되어 자연스럽게 움직여갈 뿐이다. 이 세상의 주인이 된 그에게는 더 이상 이 세상 그 무엇도 자신과 무관한 것이 없다. 다 자신의 소유 안에서 일어나는 자신의 일일뿐이다.

몸이 편안하면 세상이 편안하다.

물이 그릇에 담기듯 우리 마음 또한 몸이라는 그릇에 담겨져 있으면서 순간순간 일어나는 기분이나 온갖 생각들이 몸에 그대로 나타나 있다. 마음이란, 몸과 독립되어 별개로 움직이는 특별난 존재가 아니다. 의상대사가 "하나의 티끌 속에 우주가 들었다"고 얘기하는 것은 몸과 마음, 정신과 물질, 이승과 저승, 선과 악을 나누지 않고 하나의 개념으로 파악한 것이다. 깨달음의 스승들이 하나같이 주장해 나온 핵심이다. 마음은 빛을 먹고 살고 몸은 생명력으로 살아간다. 사실 빛이란 생명력에서 발현되어지는 것이다. 그러므로 건강이나 행복을 몸 밖에서 찾지 말라는 것이다.

우리나라는 OECD 국가 중에서 자살률 1위, 이혼율 1위, 행복지수 꼴찌라는 평가가 나왔을 정도로 마음의 상처를 앉고 힘든 현실을 살아가는 사람들이 많다. 그만큼 우리 몸 또한 죽고 싶을 정도로 힘들어 있고 지쳐있어서 자기 자리로 돌려주는 치유과정이 필요하다 하겠다.

주변에 우울증으로 그늘진 얼굴을 하고 계시는 분 들을 보게 되는 경우
가 많다. 등짝은 돌덩이처럼 경직되어 있고 걸음걸이는 갸우뚱거리며 생기
를 잃어 있다. 우울증은 환절기에 잠깐 스치고 지나는 감기처럼 가볍게 생
각할 문제가 아니라 건강에 심대한 영향을 주고 삶마저 절망으로 끌고 갈
수 있기 때문에 문제의 심각성이 있다. 우울증이 심해지면 마음의 빛이 사
라져서 한 치 앞도 구별 못하는 어두운 상황이 온다. 지친 마음은 한 치
앞도 구분하고 싶지 않는 의욕상실을 보인다. 굳어진 몸속 각종 장기들은
생명력이 약화되어 역동성을 잃어버리게 된다. 일기가 흐린 날 하늘을 보면
먹구름이 잔뜩 낀 날이 있다. 심한 비라도 내릴 때면 천둥이 치고 번개가
치면서 놀란 가슴이 되기도 한다. 먹구름이 빛과 에너지를 가두다가 어느
한계선에 이르면 폭탄이 꽝! 하고 터지듯 번개 불이 튀는 것이다.

사람의 마음도 회색빛 우울함이 계속되다보면 마음의 빛과 몸의 생명력
이 가두어지다 압축되는 상황이 발생하게 된다. 그 결과 폭발적인 행동을
하거나 몸 자체가 충격적인 상황을 스스로 만들어 내게 된다. 갑작스럽게
일어나는 심장발작, 뇌출혈, 마비, 자살 등이 그것이요 넓은 의미에서 보면
크고 작은 질병들 또한 우울증의 산물이라 해도 과언이 아니다. 이 모든
증세들은 심한 우울증에 시달리던 우리 몸이 '너 죽고 나 죽자' 식으로 문
제를 극단으로 끌고 가는 것이기도 하다. 스트레스에 지속적으로 노출되면
마음과 더불어 몸이 위축되어 어깨가 구부러지고 등이 굽어지며 가슴이
좁혀지게 된다. 이렇게 되면 몸통 안에 있는 심장과 폐가 압박을 받아서 제
대로 펌프질을 하고 숨 한 번 제대로 쉴 수가 없는 실정에 이르게 되니 위
축된 몸을 펴려고 습관적으로 한 숨을 길게 내쉬게 되는 것이다.

　내 몸을 내 것처럼 움직일 수가 없으니 몸 따로 마음 따로 되어 나의 정체성을 의심하게 되는 지경에 이르게 된다. 본질적으로 나에 대한 존재감을 의심하게 되니 현실속의 자신이 불행하게 느껴질 뿐이다. 이쯤 되면 내 몸이 사랑스럽지 않고 그런 걱정을 하고 있는 내 마음도 행복감을 느끼기 어렵다. 본 참선체조를 통해서 쓸어져가는 나무를 일으켜 세우듯 자신의 골반을 세우는 것으로부터 시작하여 허리, 등, 목까지 반듯이 세워 올라가면 어느덧 먹구름이 끼어 우울하고 음산하며 때론 자포자기 속에 방탕끼마저 흐르던 마음이 밝아져서 자족감, 희망, 행복을 느끼게 되고 세상 속에 자신이 꼭 살아있어야 하는 존재이유를 알게 될 것이다. 그래서 내 마음이 청정하면 세상이 청정하듯이 내 몸이 편안하면 세상이 편한 것이다.

척추와 부위별 관계

경추
1번 머리뇌하수체·교감신경계 – 두통, 신경질, 불면증, 고혈압, 편두통
2번 눈시신경·청각신경·유양돌기 – 편두통, 만성피로, 간질, 소아마비
3번 혀·삼차신경 – 신경통, 신경염, 여드름, 습진
4번 코·입 – 난청, 중이염, 축농증, 비염, 구내염
5번 성대·인후 – 인후염, 편도선염, 두통
6번 경근·어깨·편도선 – 어깨경직, 편도선염. 백일해, 전두통

흉추
7번 갑상선·어깨 – 감상선질환, 어깨경직

1번 손·식도·기관지 – 천식, 호흡곤란, 기침, 기관지염, 심장
2번 심장·관상동맥 – 심장기능장애, 심장병, 폐
3번 폐·기관지·늑막가슴, 유두 – 기관지염, 늑막염, 폐렴, 심장
4번 담낭·총담관 – 담낭질환, 황달, 담석, 담낭포진, 심장병
5번 간장·혈액 – 간장질환, 발열, 저혈압, 빈혈, 관절
6번 위·대장내시경 – 위질환, 신경성위염, 소화불량
7번 췌장·십이지장·대내장신경 – 당뇨병, 궤양, 위염, 십이지장염
8번 횡경막·대내장신경 – 십이지장염, 백혈병, 딸꾹질
9번 부신·대내장신경 – 알르레기, 두드러기
10번 신장·소내장신경 – 신장질환, 동맥경화, 신우염, 만성피로
11번 신장·요관·소내장신경 – 피부병, 여드름, 습진, 자가중독
12번 소장·신장·최소내장신경 – 류마티스, 불임증, 부인병

요추
1번 대장·결장 – 변비, 대장염, 설사, 이질
2번 충수·맹장·대퇴부 – 충수염, 정맥류, 맹장염
3번 성기·고환·자궁·방광 – 방광질환, 월경장애, 성병, 야뇨증
4번 전립선·요근·좌골신경 – 무릎통증, 좌골신경, 요통
5번 하퇴부·발·발목 – 하지약화, 발냉증, 좌골신경, 요통

천골(선골) 좌골·둔부·방광·성기 – 성기능장애, 방광염, 자궁암, 만성난소증
미추尾椎 1~4번 – 감정표현을 맡은 중추, 직장, 항문, 이질, 미골통

　인체의 대들보 역할을 하는 척추는 총 33마디로 되어 있는데, 이는 불교의 33천과 의미가 통하는 바가 있다. 불교의 관점은 물질과 정신, 몸과 맘을 생명체의 두 축으로 보며 이는 상호작용으로 상대에게 영향을 미치고 있다고 본다.

　인체는 척추를 통해 자율신경이 각 기관으로 연결되어 있어서 척추의 변위는 곧바로 해당 장부와 신경 및 부위에 이상 반응을 일으키게 된다. 그러므로 척추는 건강의 척도가 되며 평상시 척추만 바로 세워 유지하는 것만으로도 병 없이 오래 살아갈 수 있는 비결이 되는 것이다. (경추7+흉추12+요추5+선추5+미추4=33)

　본 참선체조의 기본 정신은 균형과 조화를 상실한 몸의 각 부분들이 본래의 자리로 돌아가도록 하자는데 있다. 동시에 마음도 본래의 자리를 회복돌아감하자는 것이다. 몸의 각 부분을 뒤틀리게 하고 짓눌러서 고통을 주는 원인의 제거는 잘못된 상태를 고집하는 바를 멈춤과 비움의 정신으로 몸에 그대로 적용하여 어긋남을 바로 잡는데 있다.

주의 : 모든 동작은 자기 몸에 맞게 해야지 무리하면 반드시 탈이 나게 된
다. 나이가 들면 몸의 유연성이 떨어져 관절의 가동성이 급격히 제한되게
된다. 생로병사 과정에서 자연스런 현상이니 무리하게 가동성을 확대하려
고 욕심을 부리면 안 된다. 근육이 경직되어 가는 시기이므로 무리한 동작
은 근육을 상하고 뼈를 다치게 할 우려가 크다. 건강의 척도는 문어나 낙지
처럼 몸을 비비꼴 수 있는데 있지 않고 척추의 S라인을 유지하는데 있다.
그러므로 본 체조동작은 고관절과 골반, 그리고 척추를 바로 잡는데 필요
한 내용들로 구성되어 있다.

제**3**장

체조법

절 오체투지五體投地

이 절 호흡법 속에는 참선체조의 호흡과 동작의 백미가 녹아들어 있다. 한 동작 한 동작에 다리, 골반, 허리, 등, 목을 바로 세운다는 마음으로 시행하도록 하여야 하며 부처님께 예배드리듯 경건함 속에서 실시한다. 절은 인간이 자신을 낮추고 상대를 높이는 최상의 표현방식으로 마음을 비우는 수행법으로 이보다 더 좋은 동작은 없을 것이다. 신과 부처님을 대하는 예불, 예배의 종교적인 의식뿐 아니라 상대를 품격 있게 대우하는 예절이며, 운명학적으로는 막힌 운을 여는 개운의 방편이기도 하다. 몸을 굽히고, 펴고, 꺾고, 쪼이는 절 동작들로 인하여 장기들 속에 있는 많은 양의 피가 쥐어짜듯이 밖으로 나가게 되고 나간 만큼 새로운 피가 신속하게 각 장기들 속으로 흘러들어오면서 혈관내부를 청소하고 혈액흐름을 확장시키게 된다. 또한 절을 통하여 몸의 기관과 조직들이 수축과 팽창, 긴장과 이완을 반복하며 본래의 생명력자연치유력이 회복되어 가는 동안, 우리 마음속에 응결되어 있는 감정의 덩어리들은 풀어지고 찌꺼기들은 사라지는 현상이 일어나 마음은 그 본래의 평정심을 회복하게 되는 것이다.

동작

체조법

1. 양손을 모으고 팔꿈치는 몸통에 가볍게 붙인다. 이 때 양 엄지발가락과 발뒤꿈치를 붙여서 선다.
2. 허리를 곧게 펴서 무릎 꿇어 앉는다. 이 때 엄지발가락은 붙이고 발뒤꿈치는 약간 떨어져 있어야 한다.
3. 손 펴서 짚는다. 이 때 양 손의 간격은 얼굴이 들어갈 정도의 폭으로 잡는다.
4. 몸이 앞으로 살짝 나가면서 머리를 숙이며 동시에 왼발을 오른발 위에 포갠다. 이어서 양 손을 꺾어 당겨서 귀 위로 올라가게 한다.
5. 팔을 펴면서 발가락을 꺾는다. 이 때, 엄지발가락과 뒤꿈치가 서로 붙어 있어야 한다.
6. 두 손 합장하며 앉는다.
7. 무릎 세우고 몸에 힘을 뺀 상태에서 반동을 이용하여 곧바로 일어난다.

STEP
02

몸풀기

긴장된 몸과 마음을 풀어내어 말초신경을 깨우며 말초혈관까지 혈액을 유통시켜서 몸에 생기를 감돌게 한다. 또한 뇌에 혈액흐름을 촉진하여 정신이 맑고 밝아진다. 굳어 있던 어깨와 등 근육을 풀어주고 가슴을 펴게 되니 위축되어 있는 마음이 풀리고 가슴이 답답한 증세가 풀리게 된다.

동작

1. 발 벌려 서서 전신에 힘을 빼고 무릎을 약간 구부린다.
2. 손과 팔을 흔들어 주면서 온몸을 진동시킨다.
3. 팔을 좌우로 가볍게 움직이면서 긴장을 푼다.
4. 두 주먹 쥐고 팔 높이 뻗어 올리며 주먹을 편다.

누워 기지개 펴기

아래로 쳐져있던 허리가 위로 올라 만곡을 이루어 등뼈가 바로 잡히며, 어깨와 등이 펴지면서 막혔던 가슴이 탁 트이는 느낌이 일어난다. 몸에는 생기가 돌며 가슴이 열려 마음은 편안하고 정신은 맑고 밝아진다. 굳어지고 막히고 닫혔던 몸이 풀리니 자연스럽게 일어나는 현상이다. 허리가 풀리니 내장기관이 풀리고, 등이 풀리니 가슴이 열려 숨길이 트이며, 목이 풀리니 뇌가 맑아 총명한 기운이 감돈다. 성장기에 있는 어린이의 키를 키우는데 이 보다 좋은 체조는 없다. 이부자리 위에서 하루를 시작하고 마감하는 체조로 습관 들이도록 하자.

동작

1. 바로 누워 팔과 다리를 위아래로 뻗는다.
2. 손을 깍지 끼고 숨 깊이 들이마신 뒤에 숨을 멈추고 발끝을 밀면서 팔은 위로 쭉 뻗어 올린다.
3. 숨 깊이 들이마시고 턱 가슴 쪽으로 당기면서 발등을 위로 당긴다. 들이마신 숨을 아랫배에 힘을 주어 밀어 넣는다고 생각한다. 이때 항문을 조이며 잠시 멈춘다.
4. 몸 안의 탁한 기운을 몰아낸다고 생각하며 날숨과 함께 '후~' 소리를 내도록 한다.

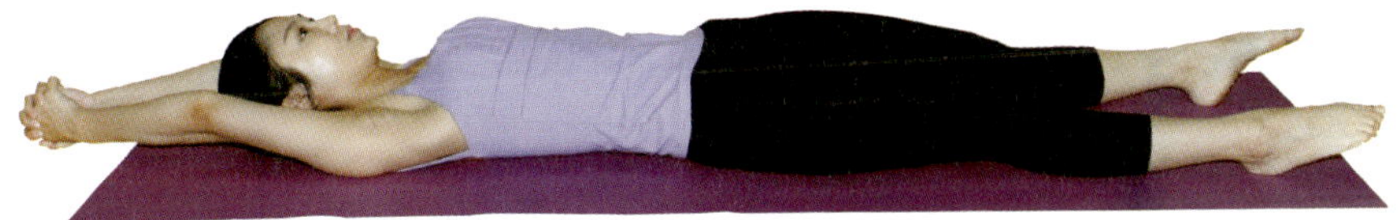

발끝치기

끝이란 종착점이면서 새롭게 출발하는 시작점이다. 머리가 하늘이라면 발은 땅에 해당하는데 발끝을 치는 것은 땅에서 하늘까지 자극을 주는 동작이 된다. 곧 땅몸이 풀리면 하늘정신도 풀린다는 것이 되니 하늘뇌기능이 상징하는 많은 문제를 해결할 수 있게 한다. 이처럼 간단한 동작이 가져다주는 효과는 놀랍도록 크다. 손끝치기와 함께 아침저녁 잠자리에서 5백~1천 번을 꾸준히 하면 만병에 기적과 같은 효능이 발생한다.

동작

1. 편안히 자리에 눕는다.
2. 팔은 좌우로 벌려 어깨와 일직선이 되게 하고 다리는 모은다.
3. 전신에 힘을 빼 이완을 시키면서 발꿈치를 붙이고 양발 안쪽 끝을 가볍게 부딪쳐 준다.

무릎치기

무릎의 긴장을 풀어주어 혈액의 흐름을 촉진하며 무릎의 통증을 완화
시킨다. 몸이란 돌려주거나 부딪쳐서 자극을 주면 굳어진 근육은 풀리
고 관절은 자극에 반응하여 본래의 자기 자리를 찾아 들어가려는 움직
임을 보인다. 또한 이 동작은 하체의 비만을 다스리며 정맥혈의 흐름을
촉진시켜 준다.

동작

1. 편안히 자리에 눕는다.
2. 팔은 좌우로 벌려 어깨와 일직선이 되게 하고 다리는 세워 무릎을 붙인다.
3. 양 무릎끼리 가볍게 치다가 두 발을 앞으로 차서 순간적으로 바닥에 떨어지도록
   한다.

엉덩이 방아질

골반이 틀어지면 이어서 허리가 삐틀어지고 그 영향은 척추 전체의 휘어짐으로 나타난다. 또한 골반이 밑으로 내려가 앞으로 휘는데도 영향을 미치게 된다. 골반, 등, 허리, 엉덩이의 근육이 풀리어 대장, 방광, 자궁 등 생식기능, 배설기능에 영향이 크며 피시근이 강화되어 발기불능, 조루, 변비, 치질, 전립선, 요실금 등을 다스려 준다.

동작

1. 편안히 자리에 눕는다.
2. 팔은 좌우로 벌려 어깨와 일직선이 되게 한다.
3. 양발 약간 벌려 무릎 세우고 엉덩이를 방아질 한 다음 골반을 좌우로 흔들어 주다 다리를 앞으로 순간적으로 뻗어 준다.
4. 양발을 붙인 채 엉덩이 걷기를 한다.

등 방아질

어깨와 등의 굳음을 풀어주어 심장병, 고혈압, 저혈압, 호흡곤란, 어깨 아픔, 손가락 저림 등을 다스린다. 또한 목의 신경을 조정하여 뇌를 안정시켜서 두통, 불면증, 우울증, 조울증, 갑상선증세를 다스려 준다.

동작

1. 편안히 자리에 눕는다.
2. 어깨를 접어 팔꿈치를 세워서 의지하고 등을 들었다 났다 방아질을 하다가 마지막에는 팔꿈치와 머리에 의지하여 등을 높이 들어 올렸다 내린다.

목 풀기

목의 경직을 풀어주고 삔 목을 잡아준다. 뇌의 혈액순환을 촉진시켜서 뇌를 맑게 해주며 이목구비 기능을 정상화시켜준다. 평소에 등이 쪼이는 사람은 이 동작을 취하면 등골까지 자극이 오는 것을 느낄 수 가 있다.

동작

1. 편안히 자리에 눕는다.
2. 목을 좌우로 움직여 목의 긴장된 근육을 풀어준다.
3. 손깍지 끼어 목을 감싸 쥐고 내쉬는 숨에 마쳐서 머리를 들고서 턱을 가슴 쪽으로 당겨 자세 고정한 다음 잠시 심호흡을 하다 자세 바로 한다.
4. 목에 힘을 완전히 뺀 상태에서 좌우로 가볍게 돌리다. 신속하게 반대쪽으로 돌린다.

체조법

붕어운동

설사 척추가 뒤틀려 척수신경이 압박받아 통증이 있어도 이 운동을 꾸준히 하면 해소된다. 또한 척수신경이 지배하는 인체 각 기관들의 기능이 활발하게 이뤄진다. 추골의 비틀어짐과 척추의 휘어짐을 다스리고 척추를 둘러싸고 있는 근육의 굳어짐을 풀어내는 등 질병 예방과 극복에 큰 효과가 있다. 척추가 삐틀어지고 휘어지게 되면 내장이 압박을 받아서 아래로 쳐지고 내장이 굳어지게 되는데, 이로써 복강 안의 여러 장기들의 기능저하가 일어나고 질병의 원인이 된다. .

동작

1. 바닥에 누워 양손 깍지 끼어 목뒤를 감싸고 발등은 가슴 쪽으로 당겨준다.
2. 붕어가 헤엄치듯 엉덩이를 축으로 하여 빠른 속도로 좌우 흔들어 주는데 폭을 좁게 잡아 해야 한다.

누워 팔다리 흔들기

붕어운동과 함께 대표적인 무병장수의 운동법이다. 말초혈관까지 혈액 순환을 왕성하게 하여 몸의 피로를 짧은 시간 안에 회복시켜준다. 몸과 마음의 긴장상태를 해소하며 자율신경을 정상화시켜 면역력을 강화시키고 병에 대한 저항력을 높인다. 특히 불면증을 해소하고 손발에 부기를 빼주는데 효과가 크다.

동작

1. 편안히 자리에 누워서 팔과 다리를 수직으로 올리고 허리를 펴준다.
2. 팔다리에 힘을 빼고 가볍게 흔들어서 온 몸에 진동이 전달되도록 한다.
3. 짧고 강하게 날숨과 함께 후~ 소리를 내면서 몸 안의 탁한 기운을 토 해낸다고 생각하며 3회 반복한다.

체조법

다리 감아 허리 비틀기

척추를 비틀어 늘려 주므로 유연성을 갖게 하고 측만증을 다스려 준다. 고관절, 골반, 엉덩이를 조정하는 효과가 있어서 요통, 요실금, 전립선, 자궁, 성기능의 이상을 다스린다.

동작

1. 양다리 뻗고 바닥에 누워 왼 무릎 세운다.
2. 내 쉬는 숨에 맞춰서 오른 다리로 왼 무릎 감아 누르며 고개는 왼쪽으로 돌려서 10초 동안 자세 고정한다.
3. 숨 들이 쉬면서 돌아간 머리와 다리를 제자리로 돌려놓는다. 이어 자세 바꿔서 반대로 실시한다.

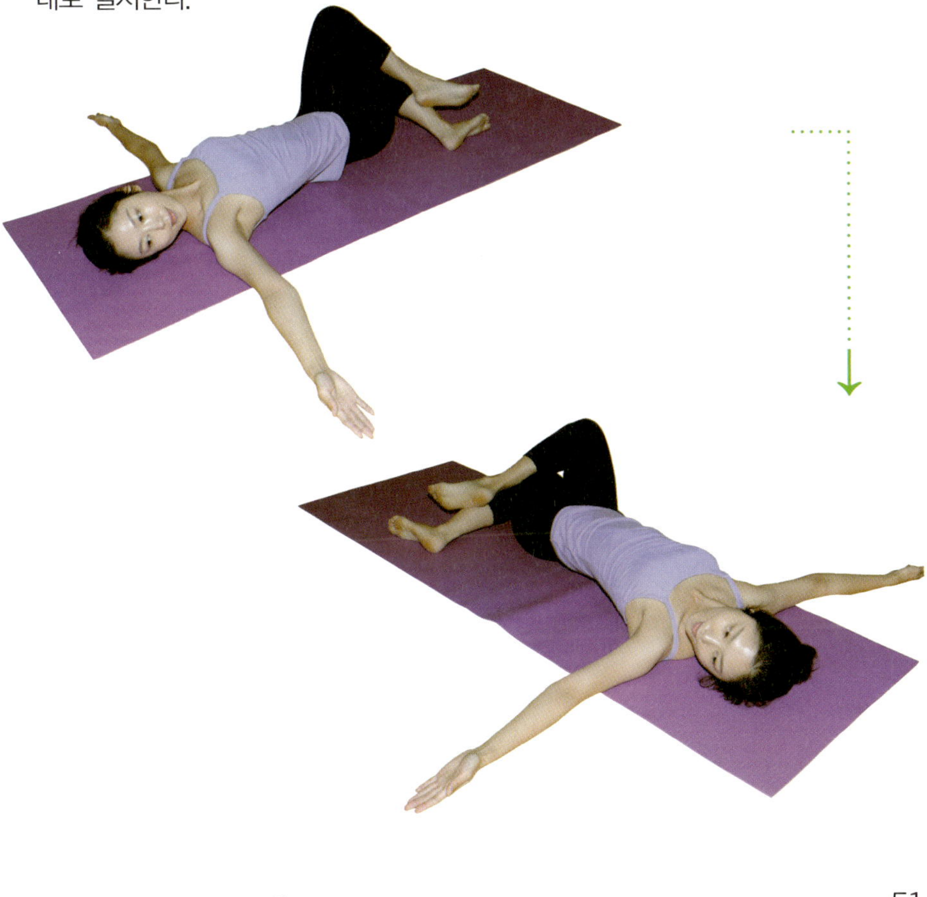

등 뒤집기

어깨, 등, 허리 그리고 골반까지 늘려주어 이완시키며 척추와 근육의 유연성을 회복시켜 준다. 특히 소화기능, 내분비활동을 촉진시킨다.

동작

1. 팔다리를 대자로 벌려 눕는다.
2. 오른 팔을 머리위로 올린 후 날숨과 함께 왼팔을 반대편으로 넘긴다. 잠시 자세 고정하고 심호흡을 한다.
3. 자세를 바로하고 손을 바꿔서 반대로 실시한다.

체조법

발 반대편으로 넘기기

고관절에서 목에 이르는 척추 전체를 늘려서 자극을 주는 동작이다. 허리의 굳어짐을 풀어주고 척추의 비틀어짐을 바로 잡아 준다. 특히 엉덩이 근육의 경직을 풀어주고 하체의 피로회복에 좋다.

동작

1. 누워 팔다리를 대자로 뻗는다.
2. 왼쪽 다리를 들어 오른손 쪽으로 가져간다. 동시에 고개는 왼쪽으로 돌린다.
3. 자세를 바로 하고 이어서 발 바꿔 반대로 실시한다.

어깨 풀기

어깨근육의 긴장을 풀어주고 가동성을 높여준다. 이 부분이 굳어 있
으면 팔과 손가락까지 저림이 생기며 목 근육을 끌어당겨서 목 신경을
약화시키게 된다.

동작

1. 누워 팔다리를 크게 벌린다.
2. 오른 손으로 왼쪽어깨를 잡고 왼팔을 밖으로 돌린다.
3. 손 바꿔 반대로 실시한다.

체조법

궁둥이 들어 앞으로 차기

순간적인 충격으로 엉덩이뼈, 골반을 다스려 주며 척추근육의 굳어짐을 풀어준다. 생리불순, 생리생, 자궁이상, 요실금, 전립선, 조루증세를 다스려 준다.

동작

1. 누워 팔다리를 크게 벌린다.
2. 무릎 세워 엉덩이를 들어 올려 좌우로 움직여 준다.
3. 엉덩이를 최대한 위로 들어 올린 후 순간적으로 발을 앞으로 차며 엉덩이를 바닥에 떨어트린다.

무릎 앉고 구르기

엉덩이, 허리, 등, 머리가 순차적으로 자극을 받도록 해야 한다. 내장근육의 굳어짐을 풀어주어 내장기능의 활성화에 좋으며 복근강화 효과가 있다. 특히 남녀모두 성기능 개선에 좋다. 부인병, 불감증, 발기부전, 조루, 변비와 설사, 치질, 전립선, 오줌싸개, 생리통, 불임증 해소 등에 좋다.

동작

1. 누워 무릎을 붙여 세워서 팔로 무릎을 껴안는다. 또는 허벅지를 껴안아도 된다.
2. 반동을 이용해서 앞뒤로 구른다.
3. 무릎을 껴안은 팔을 풀고서 뒤로 구를 때 숨 들여 마시면서 항문을 조이고 숨 내쉬며 앞으로 구를 때 항문을 풀면서 동작을 10회 반복한다.

앉아 전신 좌우 돌리기

허리근육의 경직을 풀어주고 몸통 근육의 유연성을 길러준다. 배를 자극하여 내장이 굳어짐을 풀어주는 효과가 있다. 생리불순, 생리통, 요실금, 전립선, 변비, 치질을 다스려주며 성기능 문제 해결에 도움을 준다.

동작

1. 다리 벌리고 앉아서 허리를 바로 세운다.
2. 양팔과 몸통을 좌우로 돌리면서 손바닥은 엉덩이 옆을 짚는다. 숨을 편하게 쉬면서 몸을 이완시킨다.

앉아 양손으로 발 잡기

허리근육의 굳어짐을 풀어내고 가동성을 높여준다. 배를 자극하여 내장을 마사지 하는 효과가 있다. 생리불순, 생리통, 요실금, 전립선, 변비, 치질을 다스려주며 성기능 문제 해결에 도움을 준다. 또한 복부는 일명 복뇌腹腦라고 할 정도로 뇌신경에 영향하는 바가 크다.

그러므로 복직근이 긴장되어 굳어지게 되면 내장이 긴장하게 되고 뇌로 흘러 들어가는 혈액이 부족하게 된다. 또한 교감신경이 흥분하여 뇌압이 올라가게 되어 뇌 건강에 부작용이 크다. 바닥과 심장이 수평을 이루게 되면 심장이 중력 작용으로부터 자유로워져서 부담이 덜어지게 되고 가슴이 훨씬 편안하게 된다.

동작

1. 다리 벌리고 앉아 허리를 세우고 가슴은 활짝 편다.
2. 날 숨과 함께 양손으로 왼발을 잡고, 다시 오른발 잡고를 반복한다.
3. 허리를 세워 엉덩이를 앞으로 밀어준다. 이어 양손으로 발가락을 잡으면서 고개 숙여 가슴을 바닥에 닿게 한다.

골반 늘리기

골반의 가동성을 최대한 늘려주고 골반과 연결된 고관절, 치골, 천골, 좌골을 자극하여 교정해 준다. 이로 인하여 복부내장의 굳어짐이 풀어지고 많은 양의 혈액이 공급되어 신장, 방광, 대장, 소장, 직장 등의 기능이 원만하게 된다. 그리고 남녀의 자궁, 생식기 계통의 문제가 해소되며 뱃살, 엉덩잇살, 허벅지살을 없애주게 된다.

동작

1. 앉아서 발바닥을 붙이고 양손은 양 무릎위에 놓으며 허리는 바로 세운다.
2. 무릎 세우고 양손으로 무릎으로 모았다 폈다 반복한다.
3. 손깍지 끼어 양발을 감싸 쥐고 몸 쪽으로 최대한 댕기면서 허리는 곧게 편다.
4. 들숨에 허리를 바로세우고 가슴을 활짝 편다. 날숨에 허리는 뒤로 밀고 동시에 어깨는 앞으로 수그리면서 배, 가슴, 이마 순으로 바닥에 댄다고 생각하며 몸을 수그린다. 그리고 자세 고정하고 잠시 숨을 편안히 쉰다.
5. 들숨에 천천히 머리부터 들어 올려 몸을 세우고 나서 두 다리 뻗어 몸을 풀어준다.

STEP 20 다리 뻗어 발끝잡기

몸이 심하게 굳은 분이나 노약자들은 도구를 이용하여 실시하도록 한다. 내장을 자극하여 긴장을 해소하고 기능을 강화시킨다. 치골, 천골을 바로 잡고 소화기능, 배설기능, 성기능까지 정상화시켜주며 다리 아래로 뻗어 있는 근육을 자극하여 풀어준다

동작

1. 앉아 두 다리를 앞으로 뻗는다.
2. 들숨과 함께 두 팔을 머리 위로 높이 올려 척추를 편다.
3. 날숨과 함께 허리를 반듯이 세운 채 몸을 앞으로 숙인다. 이 때 두 손은 다리 위에 놓아둔다.
4. 자세를 고정한 채 날숨과 함께 꼬리뼈에서 경추까지 늘려주면서 양손으로 발가락을 잡는다. 이와 동시에 배를 넓적다리에 붙이도록 한다.
5. 몸을 서서히 풀면서 자세를 바로 가져온다.

체조법

엎드려 손끝, 발끝 찍기

손가락, 발가락은 신경의 끝이며 혈관의 끝이기에 말초신경, 말초혈관
이라고 한다. 이곳을 자극하면 근력감퇴를 늦출 수 있고 몸의 감각을
깨어나게 하며 자율신경계의 기능을 향상시키게 된다. 혈액순환 장애
가 있는 분, 몸의 감각이 무딘 분, 호흡이 답답한 분에게 좋다. 특히 뇌
를 자극하여 기억력 판단력이 좋아짐으로 치매 예방에 도움이 된다.

동작

1. 엎드려 팔 구부려서 손바닥을 바닥에 대고 손끝은 세운다. 동시에 발끝을 세워 바
   닥에 댄다.
2. 손끝, 발끝을 바닥에 두들겨서 몸 깊숙한 곳까지 자극이 전달되게 하여 근육을 풀
   고 신경들을 깨어나게 한다.

손 짚고 고개 뒤로 젖히기

요가에서 코부라 자세라 하는 동작으로 척추의 유연성을 강화해주며 목, 어깨, 등, 허리의 굳어진 근육을 풀어주어 군살을 없애준다. 등이 굽고 가슴이 좁혀져 있어서 심장과 폐가 압박을 받아 혈액순환과 폐활량에 문제가 있어 가슴이 답답하던 사람에게는 효과가 크다. 뿐만 아니라 골반과 허리를 다스려 이에 관련된 내장기능과 생식기능을 촉진시킨다.

동작

1. 엎드려 팔을 구부려 팔꿈치를 몸통 옆에 붙이고 손바닥을 바닥에 댄 채 두 다리를 붙인다.
2. 들숨에 따라 서서히 팔을 펴면서 머리, 어깨, 가슴을 들어 올린다. 이 때 배는 바닥에 붙어 있어야 한다.
3. 날숨에 맞춰서 가슴을 활짝 편다고 생각하며 고개를 뒤로 젖히고 잠시 심호흡을 한다.
4. 고개를 숙이고 나서 날숨에 따라 천천히 팔꿈치를 구부리고 가슴, 이마 순서로 바닥에 닿게 하여 잠시 휴식한다.

체조법

팔 반대로 넘기기

허리의 유연성을 길러주고 등 근육을 풀어서 등살을 빼주는 효과가 있다. 음식물에 자주 체하거나 가슴이 답답한 증세가 있는 분들에게는 좋은 동작이다.

동작

1. 엎드려 팔다리를 대자로 뻗은 후 오른 팔을 머리위로 올린다.
2. 날숨에 맞춰 왼팔을 반대편으로 넘겨 등이 바닥 가까이 닿도록 한다.
3. 자세 바로 하고 팔 바꿔 반대로 동작을 한다.

엎드려 발 반대로 넘기기

허리 뭉침을 풀고 유연성을 길러준다. 허리의 뒤틀림을 바로 잡고 골반을 교정하는 효과가 있다. 특히 흉추와 요추의 이어지는 부분을 자극하고 내분비활동을 촉진시킨다.

동작

1. 엎드려 팔을 어깨 높이로 벌리고 다리는 붙이고 턱을 바닥에 댄다.
2. 들숨에 왼다리 높이 들어 올린 후 날숨에 오른쪽으로 넘겨서 바닥에 닿을 듯 말듯 유지한다. 시선은 정면을 바라보면서 잠시 멈춘다.
3. 자세 바로 하고 팔 바꿔 반대로 동작을 한다.

엎드려 악어 뒤집기

어깨, 등, 허리 근육의 굳어짐을 풀어준다. 어깨의 아프고 떨림을 다스리며 견갑골을 자극하여 가슴답답 증세를 해소하고 심폐기능을 강화시킨다.

동작

1. 배를 대고 엎드려 양손 양 어깨 높이로 뻗는다.
2. 두 다리는 붙이고 이마는 바닥에 댄다.
3. 왼손으로 왼 발목 잡아 다리를 올리면서 오른쪽으로 넘겨 잠시 멈춘다.
4. 자세 바꿔서 반대로 동작을 실시한다.

다리 잡고 당기기

머리에서 발끝까지 근육을 자극하며 뼈를 단련시켜주는 운동이다. 내장을 자극하여 굳어짐을 풀어주니 내장기관이 좋아지게 된다. 척추의 유연성을 길러주는데 아주 탁월한 효과가 있다. 오랫동안 허리 병으로 고생하던 사람들이 이 동작 하나만으로도 고통에서 벗어날 정도로 효과가 있다.

동작

1. 바닥에 엎드려 이마를 바닥에 대고 양손으로 양 발등이나 발목을 붙잡는다.
2. 들숨에 맞춰 다리를 높이 들어 올리고 날숨에 맞춰 머리와 가슴을 들어 올린다.
3. 몸을 활처럼 휘어지게 하여 편안하게 숨고르기를 한다.
4. 숨을 내쉬면서 천천히 무릎이 바닥에 닿도록 내렸다가 다시 1번부터 3회 반복한다.

손으로 다리 잡고 당겨 좌우 뒤집기

골반 – 허리 – 등 – 경추까지 휘어짐을 바로 잡으며 엉덩이뼈, 치골, 고관절까지 다스려준다. 무너지는 몸을 바로 세우고 무기력한 몸에 생기를 불어넣어준다. 초보자나 노약자는 허리에 무리가 갈 수 있으니 하지 말고 활 자세만 해야 한다.

동작

1. 두 손으로 양 발목을 잡고 고개를 든다.
2. 앞뒤로 움직여 준다.
3. 좌로 굴러 몸체를 위로 들어 올렸다 바로하고, 다시 우로 굴러 몸체를 위로 들어 올렸다 자세를 바로 한다.
4. 자세를 바로 한 상태에서 양손으로 양 발목을 최대한 당겨서 척추가 아치형이 되도록 한다. 날숨과 함께 자세 바로 한다.

고양이 자세

척추의 유연성을 강화시키며 등을 펴서 가슴을 열게 해주며 허리 근육을 단련시키고 내장 기능을 향상시킨다. 소화불량, 가슴답답, 변비설사 환자에게 좋다. 특히 가슴을 활짝 펴는 관계로 혈액순환이 촉진되고 폐활량이 증가하여 호흡이 편안해 진다.

동작

1. 양손바닥과 무릎을 어깨 넓이로 벌려 바닥에 대고 기어가는 자세를 취한다.
2. 들숨과 함께 고개를 뒤로 젖힌다.
3. 숨을 내쉬면서 머리를 숙여 배를 쳐다보면서 등을 둥글게 말아 위로 올린다. 이와 같은 동작을 수 회 반복한다.
4. 1번 자세로 돌아와 무릎을 세운 채 가슴과 턱이 바닥에 닿게끔 손바닥을 앞으로 내밀고 잠시 심호흡을 한다.

저울추 운동

건강의 상징인 척추의 S자 라인을 만들어 주는 동작이다. 팔, 어깨, 등을 단련해서 가슴을 열어주며 골반, 허리, 고관절의 유연성을 갖게 한다. 또한 무릎과 오금의 근육과 인근 조직을 조정하여 강화시키는 효과가 있다. 복압이 높아져서 숨길이 열리도록 도와주며 내장의 기능을 활성화시킨다. 내장기능의 활성화, 변비, 치질, 생리불순, 전립선, 자궁, 비뇨기 이상 등을 다스려준다.

동작

1. 무릎 꿇어 앉아 두 손 앞으로 길게 뻗으면서 몸을 무릎에 밀착시킨다.
2. 팔을 펴서 세운다.
3. 팔 굽혀서 등과 바닥이 수평이 되도록 유지한다.
4. 다리를 바닥에 붙이고 상체를 세우고 고개를 뒤로 넘긴다.
5. 엉덩이를 뒤로 빼서 다리에 붙이고 몸을 바닥에 가까이 붙인다.
6. 다시 몸 앞으로 나가면서 몸과 바닥이 수평이 되도록 유지한다.
7. 다리를 바닥에 붙이고 상체를 세우고 고개를 뒤로 넘긴다.
8. 엉덩이를 뒤로 빼서 다리에 붙이고 몸을 바닥에 가까이 붙인다. 그리고 엉덩이를 좌우로 움직여 주다가 자세를 바로 한다.

손발로 몸통 들기

기립근, 복근, 복횡근, 팔다리를 비롯한 전신의 근육계를 강화시켜준다. 복부근육을 자극하여 내장의 기능을 촉진하고 척추 전체를 늘려서 굳어진 근육을 풀어주어 신경기능을 정상화시킨다. 위로 갑상선, 심폐기능, 내분비기능, 생식기능은 물론 소화기와 호흡기계까지 다스려준다.

동작

1. 자리에 누워 무릎을 세워서 엉덩이 가까이 붙이고 두 손바닥은 어깨 옆을 짚는다.
2. 몸통을 위로 들어 올려서 머리와 발끝으로 지탱하며 깊은 심호흡을 한다.

어깨 물구나무서기

이 자세를 요가에서는 '아사나의 여왕'이라고 할 정도로 허리, 등, 어깨, 목을 다스리는 효과가 뛰어나다. 또한 혈액순환을 촉진하여 뇌에 산소를 공급하게 되니 기억력, 집중력, 결단력이 강화되고 백발노인이 회춘하고 월경이 끊어진 여자는 다시 시작한다고 할 정도로 효과가 좋다. 내장기관을 다스리는데 만병통치약으로 불러질 만큼 효능이 있다.

동작

1. 누워서 다리를 붙이고 들숨에 맞춰 두 다리를 들어 올려 머리 너머로 넘긴다.
2. 팔꿈치 구부려 두 손으로 등을 떠받치는데 손이 어깨 가까이 위치하게 한다.
3. 발가락이 머리 넘어 바닥에 닿도록 하고 잠시 숨을 고른다.
4. 들숨에 양다리 들어 올려 수직이 되도록 하고 깊은 심호흡을 한다.

체조법

물고기 자세

뇌로 가는 혈류를 조절하여 뇌를 맑게 하며 자율신경을 조절하여 뇌를 안정시키는 효과가 있다. 목과 등의 근육의 경직을 풀어주어 폐활량 증가, 가슴답답증, 두통, 불면증, 이명증, 뇌경색, 갑상선, 어깨 등의 이상을 조정해 준다.

동작

1. 바로 누워 다리 엉덩이 넓이로 벌리고 양손 구부려 몸통에 붙인다.
2. 내쉬는 숨과 함께 어깨에 힘을 주고 가슴을 높이 밀어 올리면서 머리 정수리를 바닥에 닿게 한다. 그러나 정수리에 무게가 실리지 않도록 엉덩이와 팔꿈치로 몸을 지탱해야 한다.
3. 양다리를 아래로 편 후 깊은 호흡과 함께 잠시 동작을 멈춘다.

다리 벌려 당기기

고관절, 무릎의 유연성을 길러주고 발목과 평발을 조정하는 효과가 있다. 내장을 자극하여 내장기능을 강화하고 골반과 허리를 조정하여 준다. 가슴과 목을 자극하여 폐, 심장, 뇌를 조정하는 등 효과가 있다.

동작

1. 누워 양손으로 각각 발이나 발목을 잡는다.
2. 날숨과 함께 다리를 최대한 벌린다.
3. 손깍지 끼어 양발 끝을 감싸 쥔다.
4. 팔을 가슴 쪽으로 당기면서 동시에 가슴을 위로 밀어 올리며 턱은 가슴으로 댕긴다.

숨길열기 ①

숨이 가슴에 멈춰 있는 것을 단전까지 이르도록 숨길을 터주는 운동이다. 묵은 업장을 녹여 내리게 할 정도의 공력이 있다. 또한 복근에 힘이 들어감으로 지방을 분해하여 뱃살을 빼는데 탁월한 효과가 있다. 뱃살이 아래로 쳐져있는 분들은 살과 함께 내장들이 기진맥진하여 쳐져있는데 이는 힘이 허리에 집중되지 못하고 복직근이 과도하게 긴장되어 있어 내장이 무기력하다. 본 운동을 지속함으로 이러한 증세를 해결할 수 있다.

동작

1. 누워 깊은 숨 들이마셔 하복부에 멈추고 항문 조이며 턱 가슴에 당기기고 5초간 멈춘다.
2. 하~ 소리와 함께 힘차게 내쉰다.

숨길열기 ②

횡격막 움직임을 정상화시켜서 명치에서부터 단전까지 숨길을 터주는 운동이다. 온몸에 힘을 빼고 이완된 상태에서 해야 하며 감을 잡기 위해서 손바닥을 배에 갔다대고 실시해도 된다. 내장을 압박했다가 순간적으로 이완시키는 반복 운동을 통해서 다량의 혈액이 내장에 공급되어 내장을 정화하고 기능을 회복하게 된다. 또한 억눌렸던 내장의 장기들을 원래 위치로 돌아가게 하게 한다. 이러한 작용들은 뇌로 집중되어 있는 압력을 끌어내려 힘의 중심점인 허리로 돌아오게 하여 각종 신경 정신적 증상들을 다스리게 된다.

동작

1. 누워 하복부에 이르도록 깊은 숨을 들이마신다.
2. 내쉬는 숨을 세 번으로 끊어 토하면서 배꼽을 바닥에 붙이는 듯 당긴다.
3. 숨을 멈춰 항문조이며 턱 가슴에 당겨서 5초간 멈춰 있다가 숨을 들이마시면서 자세를 푼다.

체조법

엉덩이 중심 잡기

복직근과 기립근을 강화시켜 허리가 힘을 받고 복압이 생겨서 내장기관의 활동이 좋아진다. 전립선염이나 요실금을 극복케 하며 성기능 향상에도 도움을 준다. 또한 뱃살을 빼는 효과가 있어 여성들의 미용에 좋다.

동작

1. 바닥에 앉아 양 다리 모아 바닥에서 15° 정도 들고 손바닥은 엉덩이 뒤 바닥에 붙이고 발등은 몸 쪽으로 당긴 체 멈춘다. 몸 중심을 잡는데 자신 있으면 두 팔을 앞으로 뻗어도 되는데 이때는 앞으로 뻗은 두 팔과 바닥은 수평이 되게 하고 들어 올린 두 발과 머리는 일직선이 되게 한다.
2. 몸의 중심을 잡고서 숨은 편안하게 쉰다. 들숨에 맞춰 항문을 조이고 날숨에 항문을 풀기를 1분 동안 한다.
3. 자세를 바꿔 편안히 엎드린다. 내쉬는 숨에 맞춰 다리와 팔을 들어 팔이 바닥과 수평이 되게 하고 시선은 전방을 응시한다. 30초 동안 편히 숨을 쉬다 바로 한다.

뒷심, 배심, 아랫심 강화훈련

허리에서 다리로 연결되는 근육을 자극하고 복직근을 강화시켜준다.
허릿심, 뱃심, 다리심을 강화시켜서 무기력한 몸에 생기를 불러일으키
며 쳐진 뱃살, 엉덩잇살, 허벅지살을 정리해 준다.

동작

1. 누워서 양팔은 몸통 옆에 붙이고 손바닥은 바닥에 붙인다.
2. 양다리 붙여 15°들어 올리고 발등은 앞으로 펴서 펌프질하듯 수 회 반복한다. 들
   어 올릴 때는 항문을 조이고 내 쉴 때는 항문을 풀면서 하면 효과가 더욱 좋다.

체조법

척추강화훈련

위로는 목과 등의 굳어진 근육을 늘려주고 가슴을 활짝 열어주는 동작
이며 아래로는 허리, 골반을 늘려주어 막힌 신경을 트이게 한다. 이 동
작은 척추의 유연성을 확보하는 것과 동시에 척추골격을 강화시켜준
다.

동작

1. 누워 무릎을 세우고 양팔 위로 15° 뻗어 올린다.
2. 내 쉬는 숨 다 되어갈 때에 숨 멈추고 턱을 가슴으로 댕기면서 등을 높이 들어 올
   리고 자세 고정하여 숨을 고른다.
3. 같은 동작을 3회 반복한 후 자세 바로 하여 잠시 휴식을 취한다.
4. 엎드려 어깨 부근에 양손바닥 짚는다.
5. 어깨 힘에 의지하여 상체를 세우고 시선은 전방을 응시하면서 잠시 숨을 고른다.

누워 전신 털기

전신의 긴장을 해소하고 모세혈관을 열어주며 신경을 터주는 동작이다. 폐활량을 증대시키고 혈액순환을 촉진시켜서 신체에 활력을 불어넣어준다.

동작

1. 누워 팔다리 크게 벌리고 휴식한다.
2. 양손을 들어 바닥을 치다 이어서 앞뒤 바닥을 치고 팔다리 들어 흔든다.

척추와 고관절 운동

STEP 40

어깨, 등, 허리, 골반치골·엉치 고관절을 조정하여 준다. 허리를 세우고 내장기능과 심폐기능을 확장시켜주며 뇌기능을 활성화시킨다.

동작

1. 양 다리 뻗어 붙이고 발등은 댕기고 허리는 곧게 편다.
2. 왼 다리 안으로 구부려 오른쪽 넓적다리 안쪽으로 강하게 밀착시킨다.
3. 오른발은 바깥쪽으로 구부리고 두 손 깍지 끼어 머리 뒤에 붙인다.
4. 날 숨과 함께 몸을 오른쪽으로 기울이며 시선과 고개는 천장을 향하게 하고 잠시 심호흡을 한다.
5. 자세를 그대로 유지한 채 바로 해서 좌우로 머리와 몸통을 가볍게 돌려준다. 이어서 다리 바꿔 반대로 한다.

무릎 세워 몸통 돌리기

골반과 척추 전체를 자극하고 펴지게 한다. 긴장된 등을 이완하고 횡격막과 허리의 긴장을 해소하며 내장의 기능과 생식기능을 정상화시켜준다. 고관절의 긴장을 풀어주고 무릎을 유연하게 한다.

동작

1. 앉아서 두 다리를 편 다음, 왼손바닥은 엉덩이 뒤 바닥에 붙이고 왼다리는 오른다리를 가로질러서 오른쪽 무릎 옆에 발바닥을 붙여 세운다.
2. 무릎 사이에 오른손을 넣어 오른 무릎 옆을 잡는다.
3. 허리를 바로 세우고 가슴을 편다.
4. 내 쉬는 숨과 함께 머리와 시선을 왼쪽으로 돌려 뒤를 보며 잠시 편안히 숨을 다스린다.
5. 들숨과 함께 손발을 풀며 원래 자세로 돌려준다. 이어서 팔다리 바꿔 반대로 실시한다.

체조법

발목, 다리 하체 풀기

특히 용천혈湧泉穴 : 발바닥을 구부렸을 때 오목하게 들어간 부분의 '人'자 모양으로 새겨지는 자리을 꾹꾹 눌러준다. 용천혈은 기운이 샘처럼 솟아난다하여 붙여진 주요한 혈 자리이다. 그러나 발목 관절에 이상이 생기면 용천혈이 막히게 되니 수시로 발목관절 점검이 필요하다.

정강이 뼈 안팎을 눌러서 풀어줘야 하는 이유는 신경이 지나가는 자리임으로 손가락으로 자극을 주면 신경이 살아나게 된다.

다음으로 종아리의 움푹 들어간 승산혈承山穴 : 종아리의 중심선상에서 힘줄과 근육이 구분되는 자리를 풀어준다. 골반이 틀어져서 몸의 불균형이 생기면 몸의 하중으로 인하여 종아리 부근의 근육이 경직되고 자주 통통 붓게 된다. 이로 인하여 골반에서 다리 끝까지 이어지는 신경이 압박을 받아서 저리거나 통증이 생긴다. 특히 성장하는 어린이들은 성장판과 연관된 자리임으로 점검이 필요한 자리이다.

동작

1. 앉아서 두 다리를 쭉 뻗어 왼발을 오른다리 위에 올려놓고 발목을 돌리다가 주먹 쥐고 발바닥을 골고루 쳐준다. 특히 용천혈을 집중적으로 자극한다.
2. 정강이뼈 안팎을 눌러준다.
3. 승산혈을 주물러준다.

손목, 팔, 어깨, 목, 등 풀기

손목, 팔꿈치, 어깨, 목, 등의 굳어진 근육을 풀어서 어깨통증, 손 저림,
오십견, 호흡곤란, 혈압, 심리적 압박감을 해소하는 작용이 있다.

동작

1. 발목 세우고 앉아 허리를 편다.
2. 손깍지 끼고 아래로 앞으로 손목을 접었다 폈다 한다.
3. 시신을 천정으로 향하게 하고 손가락 깍지 낀 상태로 팔을 머리 위로 뻗어 올리고
   30초 동안 심호흡을 한다.
4. 고개 바로하고 손등을 붙여서 신속하게 팔을 뒤로 크게 3번 돌린다.

체조법

목과 턱 다스리기

요점은 목에 힘을 빼고 동작을 천천히 한다는 점이다. 목 근육을 풀어서 목을 통하는 신경과 혈액흐름을 원활하게 하고 자율신경기능을 정상화시켜준다. 이 운동만 열심히 해도 턱 부정교합, 목디스크, 뇌졸중, 치매, 어지럼증, 두통, 우울증, 조울증을 다스릴 수 있다.

동작

1. 발목 세우고 앉아 허리를 세우고 등과 어깨를 펴서 가슴이 활짝 벌려지게 자세를 잡는다.
2. 목을 최대한 뒤로 젖힌 상태에서 이를 꽉 다물고 목을 좌우로 가볍게 움직여 주면 삔 목과 턱이 바로 잡힌다.

초승달 자세

어깨, 등, 허리, 골반, 다리, 무릎, 종아리, 다리까지 균형감각을 길러준
다. 뭉친 근육은 풀고 풀린 근육은 강화시키며 척추의 유연성을 길러
주고 가슴을 활짝 펴게 해준다.

동작

1. 무릎 꿇어 선다.
2. 왼발 앞으로 나가고 오른 발은 무릎과 발바닥이 바닥에 닿게 한다.
3. 두 손을 가슴 앞에서 합장한다.
4. 숨을 내쉬면서 몸무게를 오른 발에 실어 중심을 유지하면서 두 손을 멀리 위로 들
   면서 몸을 뒤로 젖힌다. 잠시 심호흡을 하다 자세를 반대순서로 되돌려 놓는다. 이
   어서 반대로 실시한다.

등 뒤로 합장

어깨, 등의 굳어짐을 풀어주고 가슴을 활짝 여는 동작이다. 경직된 목, 어깨, 등, 허리 근육을 풀어주고 척추를 세워준다. 심장과 폐 기능을 원활하게 하여 가슴이 열리게 됨으로 우울증을 해소한다. 이 자세를 서서 할 경우에는 무릎과 양발을 붙여서 틈을 주지 않게 해야 하며, 고관절과 무릎관절을 강화하는 효과와 더불어 발바닥 아치를 높게 해준다.

동작

1. 무릎 꿇고 앉아(또는 차렷 자세로 서서해도 된다) 등 뒤로 양손을 합장하며 최대한 등을 타고 위로 올린다.
2. 어깨와 가슴을 활짝 편 상태에서 깊은 심호흡을 한다.

등 뒤로 양손 대각선으로 잡기

손이 잡히지 않는 경우에는 막대기나 수건을 이용해서 잡는다. 이어 손 바꿔 반대로 한다. 효능은 '등 뒤로 합장'하기 동작과 비슷하다.

동작

1. 무릎 꿇고 앉아 등 뒤로 왼손을 위로 오른손을 아래로 하여 양손을 대각선으로 잡는다.
2. 들이마신 뒤 내쉬는 숨에 마쳐서 잡은 양손을 위 아래로 당긴다.

체조법

STEP 48 — 무릎 세워 손으로 발꿈치 잡기

초보자는 발목 세워 잡고 해도 된다. 척추를 둘러싼 굳어진 근육을 풀어주며 팔다리의 근력을 길러준다. 굽어진 어깨와 등을 펴주고 가슴을 열어준다.

동작

1. 무릎 어께 넓이로 벌려 세운다.
2. 양손바닥으로 허리를 받치고 등과 머리를 뒤로 젖혀서 시선을 뒤로 가게 한다.
3. 손으로 발뒤꿈치를 잡고 최대한 몸을 펴준다. 자세를 유지한 채 숨을 고른다.

발목잡고 중심잡기

고관절, 허리를 조정하여 주며 무릎, 발목을 강화시키고 평발을 조정하여 준다. 다리의 유연성을 길러주면서 근육을 강화하는 효능이 있다. 또한 등과 어깨까지 펴서 가슴을 열어주기도 한다.

동작

1. 양발바닥을 붙이고 양손을 무릎 위에 올려놓는다.
2. 양손으로 무릎을 잡고 다리를 모았다 폈다 반복한다.
3. 양손으로 발목 잡고 궁둥이 들었다 놨다 하면서 중심을 잡아 본다.

체조법

발목 다스리기

발목과 좌골이 마주치는 충격으로 발목이 조정되게 된다. 이 동작을 취할 때에는 허리를 세우고 등과 어깨를 편 상태에서 몸의 하중을 발뒤꿈치가 받도록 해야 한다.

동작

1. 무릎을 꿇고 앉아 발뒤꿈치를 붙인다.
2. 무릎 세워 있다가 갑자기 주저앉는다.

양발 뻗어 엉덩이 걷기

다리의 근력을 길러주고 고관절, 치골, 천골, 오금근육과 평발을 조정해 주며 허리의 힘을 길러준다. 또한 복직근과 복횡근을 자극하여 내장근육을 이완시키니 소화, 흡수, 배설 기능이 좋아지고 자궁, 전립선, 요실금, 성기능 향상에도 좋다.

동작

1. 자리에 앉아 양다리 앞으로 뻗어 붙인다.
2. 허리를 바로 세우면서 발등을 가슴 쪽으로 당겨 발끝이 천정을 보게 한다. 이 때 양손은 허벅지 위에 놓는다.
3. 골반좌골을 발로 삼고 제자리 걷기를 한다.

고개 뒤로 허리 펴기

척추를 늘려서 휘어짐을 바로 잡아주며 특히 어깨의 굽어짐을 펴게 하고 목과 팔 근육의 굳어짐을 풀어준다.

동작

1. 자리에 앉아 양다리 앞으로 뻗어 붙인다.
2. 허리를 바로 세우면서 발등을 가슴 쪽으로 당 긴다.
3. 엉덩이 옆에 손등을 바닥에 닿게 하고 팔을 펴면서 머리를 뒤로 젖히고 시선은 천정으로 가게 하여 잠시 숨을 고른다.

심장강화 운동

억압된 감정이나 짜증나는 기분을 일시에 풀어내는 후련함이 있다. 얼굴에 생기가 없는 분도 이 자세를 꾸준히 실시하면 얼굴이 맑고 밝은 인상으로 바뀐다. 심장에 쌓인 화를 풀어내서 혈액순환이 원만해 지므로 답답한 가슴이 편안해 진다.

화란, 불기운으로써 물 기운을 증발시켜 굳어지게 하고 생기를 날려버리는 작용을 하는데 그러한 화기를 몸 밖으로 몰아내게 되니 메마른 나뭇가지에 새싹이 돋아나듯이 몸에는 수기가 돌고 정신이 맑고 밝아지는 것이다. 피부가 부드러워 지고 얼굴에 윤기가 흐르는 것으로 보와 이 동작이 뇌하수체를 자극하여 호르몬을 조절하는 작용까지 있는 것으로 추측이 된다.

동작

1. 무릎 사이를 약간 벌리고 무릎 꿇고 앉는다. 손바닥은 허벅지 위에 둔다.
2. 숨을 짧고 강하게 토해 낸다. 이 때 눈과 입은 크게 벌리고 혀는 아래쪽으로 빼내고 눈동자는 위를 쳐다보게 한다. 팔은 무릎 쪽으로 펴면서 손가락은 힘주어 벌린다. 10초 정도 자세 고정했다가 처음 자세로 돌아온다.

STEP 54

무릎 꿇고 뒤로 눕기

뇌를 심장보다 아래에 위치하게 함으로 심장의 무리가 완화되어 뇌가 맑아지고 안정되어 불안한 마음이 풀리게 된다. 또한 복압을 높여서 내장기능을 강화시키고 허리를 강하게 만들어 준다. 골반을 조정하며 무릎관절에도 좋다.

동작

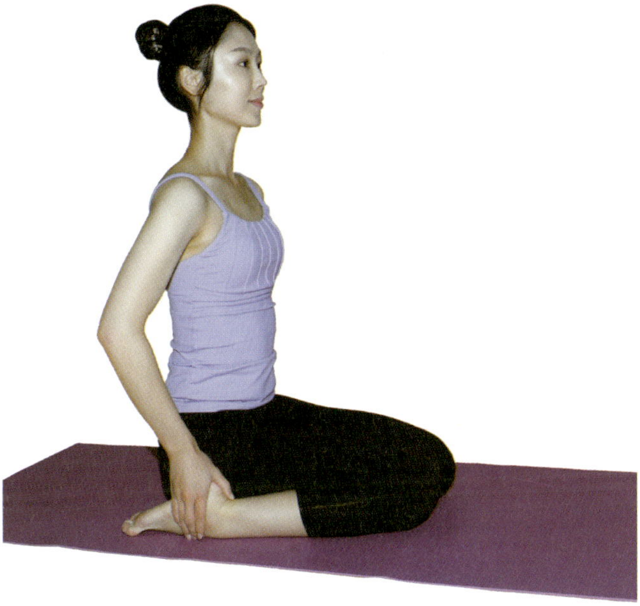

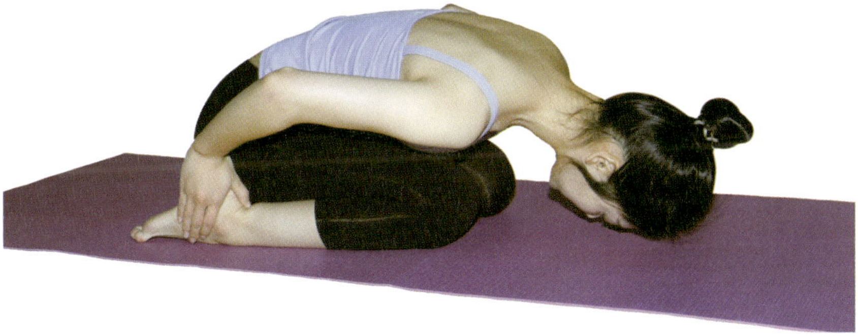

1. 무릎을 한데 모으고 발 사이에 엉덩이가 놓이게 한다. 손으로 발뒤꿈치를 잡고 이마는 바닥에 대고 잠시 숨을 고른다.

2. 몸을 일으켜 세워서 몸을 양팔뒤꿈치에 의지하여 뒤로 누워 정수리가 바닥 위에 놓이도록 한다.

3. 어깨와 몸통을 내려놓고 머리를 바로 한다. 팔은 아래로 뻗고 손가락으로 발뒤꿈치를 누른다.

4. 머리 위로 팔을 쭉 뻗어 올리고 손바닥은 천정을 보게 한다. 무릎 – 엉덩이 등이 바닥에 붙어있도록 한다.

무릎 꿇고 앞으로 숙이기

중력의 작용으로부터 자유로워진 심장이 스트레스로부터 멀어져 휴식하게 된다. 그러므로 심혈관계통의 이상을 예방 및 치유하는데 도움을 준다. 또한 내장을 자극하여 휴식하게 함으로써 뇌신경까지 이완하도록 한다. 무릎을 꿇어서 다리근육을 자극하여 발끝까지 혈액 순환을 촉진시킨다.

동작

1. 방석위에서 무릎을 구부리고 앉아 허리를 곧게 세운 뒤에 숨을 고른다.
2. 날숨과 함께 팔과 몸을 앞으로 뻗으면서 동시에 허리를 앞으로 밀어주며 몸을 최대한 무릎에 붙인다.
3. 조용히 숨을 고른다.

서서 앞으로 구부리기

골반을 바로 세워 척추를 자기 위치로 돌아오게끔 척추와 근육을 늘려주는 운동이다. 특히 허리의 유연성을 길러준다. 평상시 허리에 이상이 있는 분은 완전히 구부리지 말고 등 수평을 만드는 동작을 하면 된다. 심장이 중력 작용으로 자유로워져서 심장박동이 느려진다. 또한 많은 혈액이 뇌로 흘러들어가게 되어 뇌가 안정되고 정신이 맑아지며 복부근육이 풀리어서 내장기능이 활성화 된다.

동작

1. 무릎, 엄지발가락, 발뒤꿈치를 붙이고 서서 온 몸에 힘을 빼고 이완한다. 동작에 무리를 느끼는 분은 다리를 약간 벌리고 선다.

2. 손을 머리 위로 뻗어 올린다. 이때 손바닥이 앞을 보게 하며 팔이 어깨와 일직선에 놓여 귀 가까이 붙게 하며 항문을 조인다.

3. 날숨에 항문을 풀면서 천천히 골반 – 요추 – 흉추 – 경추 순으로 구부려 두 손은 바닥에 닿게 하며 숨을 완전히 내 쉰 후 잠시 동작과 함께 숨을 5초가 멈춘다.

4. 들숨에 천천히 경추 – 흉추 – 요추 – 골반 순으로 일어난다.

5. 같은 동작을 2회 반복한다.

목 선 다듬기

목은 위로 두뇌와 아래로 어깨와 연결되어 있다. 그러므로 이 동작은 갑상선, 임파선, 편도선, 대뇌, 어깨까지 영향을 미치게 된다. 또한 얼굴의 기미, 주근깨, 여드름을 해소시키며 목, 턱, 어깨의 선을 다듬어 준다.

동작

1. 편안히 앉아서 허리를 똑 바로 세운다.
2. 시선은 15˚ 전방을 응시하며 손깍지 끼고 목을 감싸 쥔다.
3. 들숨에 목을 고개를 뒤로 젖힌다.
4. 날숨에 목덜미를 조이면서 시선은 천정을 쳐다본다. 이어서 고개 왼쪽으로 돌리고 왼쪽 팔꿈치를 위로, 오른쪽 팔꿈치를 아래로 가게 한다.
5. 들숨에 목을 바로하고 날숨에 고개를 오른쪽으로 돌려서 동시에 오른 팔꿈치 위로 왼 팔꿈치 아래로 내려가게 한다.
6. 좌우 동작을 3회 반복한다.

영웅자세

팔과 다리 전체의 근육을 자극하여 강화하며 유연성을 길러준다. 어깨, 등, 허리, 허벅지의 군살을 제거하고 척추를 강화시키며 골반을 자극하여 조정하며 그 효과는 미추의 이상을 다스리는데 까지 이른다. 가슴을 활짝 펴게 해서 혈액순환을 촉진하여 심혈관 질환을 다스리며 폐활량을 늘려서 숨쉬기가 편안케 된다. 소위 가슴앓이를 앓는 분은 억눌렸던 감정을 풀어내서 밝고 명랑한 성격으로 만들어 준다.

동작

체조법

1. 차렷 자세에서 두 발을 크게 벌려 선다. 이어서 합장하며 머리 위로 뻗어 올린다.
2. 왼발을 안으로 15°, 오른발을 바깥쪽으로 90° 돌린 후 몸통을 오른쪽으로 돌린다.
3. 날숨과 함께 오른 다리를 90° 구부린 다음에 왼쪽 다리의 무릎을 펴면서 몸통을
   위로 끌어올리고 손끝까지 늘려준다. 잠시 숨을 고르다 이어 역순으로 자세를 바로
   잡는다. 발 바꿔 같은 방식대로 시행한다.

태양경배체조

이 체조는 척추의 S라인을 만들어주고 전신의 근골격계를 단련시켜준다. 또한 심혈관계와 신경계를 다스려주는 등 그 효능은 요가를 통해서 얻을 수 있는 효과가 거의 집합되어 있다고 해도 과언이 아니다. 각각의 자세를 호흡에 따라 예배를 드리듯 경건하게 실시한다. 절 운동과 함께 하루에 한 번씩 이 운동을 해주는 것만으로도 건강한 몸을 유지하는데 도움이 되는 좋은 운동법이다.

동작

체조법

1. 합장 자세로 서서 양 엄지발가락, 무릎, 발꿈치를 붙이고 시선은 15° 전방을 바라보
   며 심호흡을 한다. 들이마시는 숨에 항문 조이기를 한다.

2. (들숨) 합장한 손을 그대로 머리위로 뻗어 올려서 엄지손가락을 응시한다. 이 때 들
   이쉬는 숨에 폐가 확장되어 있어야 하며 팔이 일직선이 되어 어깨가 펴지도록 해야
   한다.

3. (날숨) 몸을 말 듯 숙여서 발가락을 응시하며 가슴은 무릎 쪽으로 당긴다.

4. (들숨) 척추를 펴면서 시선은 전방을 응시한다.

5. (날숨) 점프하여 다리를 뒤로 옮긴다. 앞을 응시하면서 바닥을 향해 몸을 낮춘다.

6. (들숨) 팔을 펴고 발끝을 펴서 발끝을 뾰쪽하게 모아준다. 그리고 상체를 일으키면
   서 시선은 천정으로 가게 한다. 이때 천정을 보며 기지개를 힘차게 펴듯 한다.

7. (날숨) 골반을 바로 세우면서 경추에서 꼬리뼈까지 척추를 펴준다. 발뒤꿈치를 바
   닥에 눌러주고 시선은 배꼽에 둔다. 5회 호흡을 하면서 들이쉬는 숨에 항문조이기
   를 한다.

8. (들숨) 점프해서 발을 앞으로 옮긴다. 척추는 길게 펴서 시선은 전방을 응시한다.

9. (날숨) 몸을 깊이 숙여서 발가락을 응시하며 가슴은 무릎 쪽으로 당긴다.

10. (들숨) 양팔을 모와 머리위로 뻗어 올려서 엄지손가락을 응시한다. 이 때 들이쉬는
    숨에 폐가 확장되어 있어야 하며 팔이 일직선이 되어 어깨가 펴지도록 해야 한다.

11. (날숨) 합장한 손을 그대로 가슴 앞으로 가져온다.

물구나무 서기

물구나무 서기 동작은 심장보다 뇌를 아래에 위치하게 하여 많은 혈액을 통해 산소를 공급하여 뇌를 맑게 하고 안정되게 한다. 요가의 황제라 불릴 정도로 효과가 크다. 특히 내장기관의 질병을 다스리는 데는 최고라 알려져 있다. 뇌신경, 호흡기, 내분비계통 등을 다스리는 만병통치법이다. 뇌신경을 안정시켜서 두통, 불면증, 우울증, 혈압을 다스리고 뇌의 피로를 회복시켜주며 혈액순환을 도와서 심장병을 다스리는데 탁월하다. 초보자나 목 디스크 증세가 있는 분은 무리가 되는 동작임으로 안정되게 방석을 이용하거나 단다벤치를 이용하는 것을 권한다.

동작

1. 방석위에 무릎 꿇고 앉아 손깍지 껴서 손과 팔꿈치가 삼각이 되게 한다.
2. 정수리를 손 안쪽에 대고 무릎은 펴면서 몸통이 수직으로 설 때까지 앞으로 천천히 걸으며 엉덩이를 들어 올린다.
3. 다리가 수직으로 서면 시선은 정면을 응시한다.
4. 10초 정도 복식호흡을 하다가 숨 내쉬면서 천천히 다리를 내려놓는다. 이마를 바닥에 대고 잠시 휴식을 취하다 머리를 들도록 한다.

*목이 불편하고 머리나 이비인후과계통에 이상이 있는 분은 조심해야 한다. 물구나무서기는 효과가 탁월한 반면에 그 위험성도 따르므로 신중하게 시행하여야 한다. 어깨로 물구나무서기나 쟁기 자세를 편하게 실시할 수 있는 분에 한하여 하도록 한다. 숙련이 되면 명상법으로 10분 이상 실시할 수 있다.

무릎 앉고 댕기기

고관절 이상을 바로 잡아 준다. 대체적으로 고관절은 왼쪽이상으로 나
타나는 경우가 대부분이다. 그러나 오른쪽 고관절에 이상이 있을 경우
에는 오른쪽 고관절을 다스려야 한다.

동작

1. 바로 누워 왼 발(또는 오른발) 무릎 세워 양손으로 감싸 잡는다.
2. 최대한 무릎을 가슴으로 밀착시켜 잠시 멈춘다.
3. 날숨에 맞춰서 무릎을 순간적으로 가슴으로 당긴다.
4. 양 무릎 세워 붙이고 양손으로 감싸 잡고 가슴 쪽으로 당겼다 놨다 반복한다.

등, 어깨 펴주기

허리와 등이 만나는 지점에서부터 시작하여 견갑골을 지나 흉추까지 굽어진 등을 펴주며 어깨근육의 굳어짐을 풀어주는 아주 효과적인 동작이다.

동작

1. 어깨 넓이로 서서 왼손으로 오른손을 잡고 뒷짐을 진다.
2. 허리에 안쪽손목을 붙이고 아래쪽에서 위쪽으로 순간적으로 치며 올라간다.
3. 주먹 쥐고 팔꿈치 접어 몸통 가까이 붙인다.
4. 팔을 순간적으로 뒤로 당긴다. 이 때 아래에서 위쪽으로 높여가며 실시한다.

체조법

견갑골 좁히기

견갑골과 흉추 주변의 근육 뭉침을 풀어내고 가슴압박 증세를 없앤다. 심장, 폐 로 향하는 신경을 강화시켜서 불안하고 우울한 마음을 떨쳐 내고 평정심을 찾게 한다.

동작

1. 어깨 넓이로 발을 벌리고 벽 가까이 선다.
2. 두 손바닥을 벽에 대고 양손 사이는 어깨 넓이만큼 잡는다.
3. 어깨를 조금 구부리고 날숨에 맞춰 견갑골을 서로 밀어 좁히도록 한다.

고관절 다스리기 ①

고관절, 치골, 엉덩이뼈를 교정하고 허리와 골반의 유연성을 회복시키
며 다리의 근력을 강화한다. 무릎과 발목의 이상을 다스려주기도 한다.

동작

1. 엎드려 양팔 몸통 옆에 두고, 교정할 고관절 반대편으로 고개를 둔다.
2. 교정할 고관절이 있는 다리를 편 상태에서 위로 가볍게 올리고 내리기를 반복한다.
   다리 들어 올릴 때 가볍게 힘을 주어야 한다.
3. 손바닥 위로 향하고 무릎을 구부렸다 갑자기 뻗기를 수 회 반복한다.

108

고관절 다스리기 ②

고관절, 치골, 엉덩이뼈를 교정하고 허리와 골반의 유연성을 회복시키며 아래로 쳐진 엉덩이 살을 끌어올려 탄력 있게 하고 허벅지 근육을 강화시킨다.

동작

1. 무릎을 약간 벌려 세우고 손바닥으로 바닥을 짚고 선다.
2. 등을 평평하게 펴주고 고개는 목에 무리가 되지 않도록 전방을 향한다.
3. 교정할 다리를 뒤로 뻗어 등과 수평이 되게 한 다음 위로 올리고 내리기를 반복한다.

어깨 돌리기

굽어진 어깨와 등을 펴주고 가슴을 열어준다. 목의 굳어진 근육을 풀어주어 갑상선, 임파선을 자극하여 신진대사를 촉진시키고 뇌신경을 자극하여 맑고 밝은 정신을 갖게 한다. 집중력, 사고력을 강화하고 마음의 안정을 이루게 한다. 또한 압박받은 흉곽을 넓혀서 혈압을 정상화시키고 폐활량을 늘려서 가슴이 답답하던 증세를 해소한다.

내장근육을 자극시켜서 내장기능이 강화되며 치질, 변비, 전립선염, 요실금, 생리불순 등을 해소해 준다. 이 체조는 발목에서 목까지 비틀어진 자세를 잡아 주어 목, 어깨, 등, 허리, 골반, 고관절, 발목, 발바닥 아치형까지 조정해주는 등 그 효능이 크다.

동작

1. 서서(또는 앉아서) 무릎과 양발을 마주 붙이고 양손을 머리위로 뻗어 올린다. 이 때 팔과 어깨가 수직으로 서게 하며 팔이 귀 가까이 붙도록 한다.

2. 시선을 전방 15°에 두고 눈의 긴장을 풀어 가볍게 미소를 지으며 30초 정도 자세 고정하여 심호흡을 한다.

3. 손등 마주 붙여 머리 뒤로 넘기면서 원 그리기를 10회 실시한다.

앉아 몸 펴기

목이 마르면서 간혹 침을 뱉으면 목에서 피가 묻어 나오는 충혈증세가 다스려 진다. 호흡이 불편하여 가슴답답 증세가 완화된다. 이것은 횡격막 운동이 정상화되어 자율신경기능이 살아나기 때문이다. 그러므로 가슴앓이라는 증세가 해소된다.

또한 엉덩이 – 무릎 – 종아리 – 발꿈치를 바닥에 밀착시켜서 근육을 조정하고 무릎과 발목관절을 강화시켜주며 매끈한 다리를 유지하려는 여성들에게는 미용효과가 있고 강인한 다리를 원하는 남성들에게는 하체단련 효과가 있다. 이 체조의 포인트는 엉덩이 부위에 힘이 실려야 하며 날숨에 맞춰 상체를 수그리는 것이다.

동작

1. 바닥에 앉아서 두 다리 편다.
2. 무릎과 발끝을 붙이며 팔은 펴고 손바닥은 엉덩이 끝선 옆 바닥에 바짝 붙인다.
3. 발등을 몸 쪽으로 당기면서 다리를 바닥에 붙이고 이어서 팔 힘에 의지해서 상체를 위로 살짝 들어 올리며 30초간 동작을 멈춘다. 이 때 명치 쪽에 힘이 들어가지 않도록 하며 눈은 가볍게 미소를 짓도록 한다.
4. 고개를 뒤로 젖히고 잠시 자세고정하고 있다가 상체를 앞으로 수그리면서 팔을 쭉 펴서 손가락으로 엄지발가락을 잡는다. 이때 고개는 앞으로 수구려 있어야 한다.

연꽃자세 결가부좌

자세가 힘드신 분은 발을 바꿔도 되며 오른발 위에 왼발을 올려놓는 반 연꽃자세나 책상다리를 해도 된다. 척추의 중심을 잡지 못해 자세가 기우는 분들은 접은 방석을 엉덩이 밑에 깔고 하면 중심이 잡힌다. 이 자세는 부처님이 앉으셨던 방식으로 이 자세만으로도 마음이 안정되고 강한 집중력이 생겨서 정신기능이 고조되게 된다. 또한 혈중 산소량이 많아져서 두뇌 활동이 활발하게 일어나며 정신이 맑아진다. 골반을 조정하여 허리를 바로 세우게 하고 굽어진 등과 어깨를 펴서 가슴을 활짝 열리게 한다.

동작

1. 척추를 반드시 세우고 두 다리 앞으로 나란히 뻗어서 발끝을 붙인다.
2. 왼다리 구부려서 오른쪽 넓적다리 위에 최대한 당겨 올린다. 그렇게 되면 무릎이 정면을 향하게 된다.
3. 오른 발 무릎을 구부려 왼쪽 넓적다리 위에 최대한 당겨 올린다.
4. 허리를 앞으로 살짝 밀어서 세우고 가슴과 어깨를 활짝 편 뒤에 몸의 힘을 뺀다. 시선은 상방 15°에 둔다. 이 때 손은 엄지와 검지를 붙여서 무릎위에 손등을 닿게 하여 올려놓든지 편 손을 가볍게 무릎위에 올려놓아도 된다.
5. 편안하게 숨을 고르면서 침묵한다.

단식호흡 短息呼吸

체내의 탁한 기운을 순간적으로 쏟아 낸다고 생각하며 반복해서 30번까지 해도 된다. 단, 어지럼증이 있는 분은 하지 말 것. 복부 내부의 근육과 혈관을 자극하는 마사지 효과를 통해서 혈관내의 찌꺼기를 몰아내고, 막힌 신경을 터주어 맑은 혈액을 다량으로 만들어 내고 오장육부의 기능을 원활하게 만드는데 기여한다.

폐활량을 증대하고 심장근육을 강화시키며 정맥의 피 흐름을 촉진시켜서 말초혈관의 피까지 신속하게 순환시키며 정·동맥의 혈액순환을 원활하게 한다. 또한 횡격막의 기능을 정상으로 회복시켜서 하복부까지 이르는 숨길을 열어주게 된다. 이러한 과정에서 자연스럽게 복부의 비만을 해결할 수 있으며 복직근이 강화되어 허리의 힘이 생기고 내장 기능이 활성화되어 소화, 흡수, 배설 능력 등 몸 전체의 기능을 촉진시킨다. 피로할 때 잠시 이 운동을 실시하면 짧은 시간 안에 피로가 풀리는 것을 체험할 수 있을 것이다.

동작

1. 바른 자세로 앉아서 숨을 고른다. 이 때 자세는 책상다리나 결가부좌나 반가부좌, 또는 무릎 끓고 앉는다.
2. 숨을 입으로 '후~' 소리를 내면서 짧고 강력하게 3번 나눠서 내쉬다 마지막에는 남은 숨을 힘차게 내쉰 뒤 잠시 멈추고 지켜본다.

장식호흡長息呼吸

이 수련을 하게 되면 소리의 파장이 중추신경계에 영향을 주어 신경계를 자극하고 자율신경계의 실조증을 다스려서 혈액순환 촉진, 호흡의 안정을 가져오기도 한다. 생리적 기능의 활성화, 심리적 안정, 균형 잡힌 사고까지 가능하게 만든다. 수만은 얘기보다 당장 자리에 앉아서 수행하면 소리의 파장에서 발생하는 에너지가 생리와 심리를 조절해 내는 것을 경험하게 될 것이다.

이것이 불언이교不言而教 즉 말 이전에 직접 체험하여 깨닫도록 하는 교육법이다. 그러므로 청소년문제 해결, 심한 악습의 교정, 아집의 타파 등에 효과가 크다. 온갖 잡스런 생각을 쉽게 다스리게 하며 들끓는 마음을 편히 쉬게 하는 효과가 있다. 가슴에 쌓인 화기를 풀어줌으로 화병에 특별한 효과가 있으며 긴장된 뇌신경을 안정시켜서 불면증, 두통, 이명증, 치매, 뇌출혈, 모야모야병, 우울증, 조울증, 불안증세를 해소하게 한다. 심혈관계 질환, 갑상선, 임파선 등 내 분비계의 기능을 강화시키기도 한다. 스트레스로 인하여 가슴에 울화가 뭉쳐서 잠 못 이루는 밤을 보내는 분들에게는 깊은 숙면을 취할 수 있는 희망의 메시지라 할 수 있다.

동작

1. 바른 자세로 앉아서 숨을 고른다. 이 때 자세는 결가부좌나 반가부좌, 또는 무릎 끓고 앉는다.
2. 허리를 곧게 세우고 양손은 무릎 위에 등을 붙여 올리거나 아랫배 앞에 왼손이 오른손바닥 위에 놓이도록 한다.
3. 눈을 지그시 감고 숨을 편안하게 쉰다.
4. 코로 숨을 들이마시고 내쉴 때도 코를 통해 숨을 토하며 소리 그 자체에 의식을 집중한다. 초보자는 숨소리를 내면서 하는 것이 효과적이다.

소리를 통한 명상

이 수련을 하게 되면 소리를 통한 선禪=깨달음의 길이 열리게 된다. 전통적인 명상법의 하나로 온갖 잡스런 생각을 쉽게 다스리게 하며 에너지와 지혜 광명을 얻게 한다. 살아 있는 모든 생명체는 진동하며 에너지 파장을 가지고 있다. 그 중에 옴의 파장이 가장 길다고 알려져 있다. 파장은 일종의 바다 물결과 같아서 이 물결 같은 파장을 타고 넘어가면 삶과 죽음이라는 운동성이 정지된 열반의 마음상태에 이르게 된다. 마음의 수행이란 이전에 경험하고 습득한 지식과 정보를 저장하고 있는 기억업을 다스려 현실의 왜곡을 일으키지 못하도록 한다는 것이다. 소리수행으로 잘못된 행과 인식으로 발생된 기억의 힘으로부터 벗어나서 현실을 있는 그대로 보게 하는 것이 바로 수행이다.

동작

1. 바른 자세로 앉아서 숨을 고른다. 이 때 자세는 결가부좌연화좌나 반가부좌, 또는 무릎 꿇고 앉는다.
2. 허리를 곧게 세우고 양손은 무릎 위에 등을 붙여 올리거나 아랫배 앞에 왼손이 오른손바닥 위에 놓이도록 한다.
3. 눈을 지그시 감고 숨을 편안하게 쉰다.
4. 미간(또는 특정 부위)에 의식을 집중하고 내 쉬는 숨과 들이 쉬는 숨에 '옴~' 소리를 마음속으로 내면서 호흡과 마음이 하나가 되도록 열중한다.

두드림

몸 구석구석을 두들겨 주면 된다. 또는 두 사람이 한 조가 되어 번갈아 가며 엎드려서 허리 – 등을 두들겨준다. 이렇게 몸을 두드리면 긴장된 부분은 풀리고 풀린 부분은 힘이 들어가게 된다. 때로는 순간적으로 충격을 가하여 원치 않는 결과를 해소시키는 충격요법이 필요할 때도 있는데 그 때에는 강도를 세게 해서 두드리면 된다.

파트너가 있을 경우에는 등이 시작되는 지점대추을 주먹 쥐어 안쪽 날 선 부분을 사용하여 빠른 속도로 30회 두들기고, 척추를 따라 아래로 내려와서 양쪽 견갑골이 만나는 지점과 견갑골이 끝나는 지점, 그리고 엉치 부분을 집중해서 두들기도록 한다. 굳어진 근육이 풀리고 막힌 신경이 살아나서 내장기능이 활성화 된다. 체내의 독소를 밖으로 내 보 내는 림프선이 있는 겨드랑이나 목 뒤 부분을 가볍게 두들겨 주는 것 도 좋다.

동작

휴식하기

사람은 죽음과 함께 모든 활동이 정지되면서 바로 눕게─되고 절대 평등한 수평상태에 몸과 마음이 이르게 된다. 그러므로 눕는다는 것은 생명의 근원으로 돌아가는 죽음의식이다. 이는 현실의 긴장'1서 있는 상태에서 벗어나 긴장하지 않아도 되는 절대이완의 상태에 들어가는 것이다. 그 속에서 몸과 마음은 새롭게 다시 태어난다. 깨달음이란 '─', '+'가 사라진 'O'이라는 제로 상태이다. 'O'은 전체이며 삶긴장과 죽음이완까지도 너머선 자리이다.

동작

1. 누워서 팔과 다리를 크게 벌리면서 후~ 하며 숨을 내쉬면서 이완한다.
2. 턱을 가슴 쪽으로 살짝 당기고 엉덩이 근육을 위로(아래로) 당겨 올린(내린) 다음 몸에 힘을 빼서 골반을 이완 한다.
3. 편안히 휴식하면서 날숨에 맞춰서 속으로 하~아 소리를 내면서 소리를 감상한다.

STEP 74

몸통 좌우 돌리기

발목, 무릎, 허리, 등, 어깨, 목까지 자극하여 굳어진 근육을 이완시켜준다. 몸이 이완되면서 요추에서 경추까지 자연스럽게 조정되는 효능이 있다. 심폐기능이 강화되어 호흡이 편안하고 가슴답답 증세가 해소되고 스트레스가 해소되어 긴장된 눈이 편안해 진다.

동작

1. 서서 발 어깨넓이로 벌리고 양 팔꿈치가 몸통에 붙게 하고 손을 가볍게 주먹 쥔다.
2. 양팔과 몸통을 좌우로 움직이며 시선은 15°위치를 유지하면서 몸통을 따라 머리도 함께 움직여 준다.

온몸 털기

손과 팔을 천천히 흔들다가 진동이 전신으로 퍼져나가서 마침내 자리에서 벌쩍벌쩍 뛰게 될 때에는 마음을 진동과 함께 하도록 의식을 집중한다. 몸과 정신에 쌓인 스트레스를 풀어내고 마음속 불안한 심리를 밖으로 털어내 버리는 작업이며 손목, 팔꿈치, 어깨의 근육을 풀어주고 뼈의 어긋남을 다스려 주며 전신 혈액순환을 촉진하고 굳어진 내장을 흔들어서 굳어짐을 풀어 주기도 한다.

동작

1. 발을 어깨 넓이로 벌리고 서서 무릎 약간 구부리고 온 몸의 힘을 뺀다.
2. 손과 팔을 흔들어 주다가 이어서 몸을 가볍게 흔들어 준다.
3. 발뒤꿈치는 약간씩 들어다 났다 반복하다가 가볍게 제자리 뜀뛰기를 한다.
4. 숨 고르면서 자세 바로하고 손목을 힘차게 털어주고 이어서 주먹 쥔 팔을 당겼다 갑자기 앞으로 편다.
5. 두 주먹 쥐고 머리 위로 팔을 힘차게 뻗어 올린다.

천추와 척추 세우기

허리를 바로 세우고 등과 어깨, 그리고 가슴을 펴게 한다.
고관절을 유연하게 하고 엉덩이뼈 조정과 하체 부종을 없앤다. 오금의
근육을 강화하고 무릎과 발목 조직을 강화시키며 다리 전체의 근육을
조정한다. 특히 오다리를 교정하는데 효과가 크다.

동작

1. 벽을 바라보고 손을 짚고 서서 양쪽 엄지발가락, 발꿈치, 무릎은 붙인다.
2. 그런 후에 발뒤꿈치를 든다.
3. 자세를 흐트러트리지 말고 무릎을 구부렸다 폈다 수 회 반복한다.

등 펴기

허리와 등은 물론 골반을 펴주는 유익한 동작이다. 척추상태가 안 좋은 사람은 가슴을 무릎에 닿게 하려고 무리하게 숙이지 말아야 함으로 이 동작이 적합하다. 골반을 숙여서 허리, 등이 수평이 되는데 초점을 두고 실시한다. 봉을 사용할 경우에는 머리, 등, 골반이 봉에 붙어 있어야 바른 자세이다.

심장이 중력 작용으로부터 자유로워져서 이완됨으로 심장박동이 느려진다. 고관절과 천추를 교정해주는 효과와 더불어 천추에서 발목까지의 근육을 조정해서 다리를 강화한다.

동작

1. 발 벌려 서서 날 숨에 맞춰서 골반 – 허리 등 순으로 수평이 되도록 숙인다.
2. 이때 봉을 등에 올려놓고 시행하면 수평자세를 쉽게 잡을 수 있다. 집이나 사무실에서는 봉 대신 등받이 의자를 이용하여도 된다.

STEP 78 허리 다스리기

어깨, 척추를 늘리는 동작인데 특히 등과 허리를 유연하게 만들어 주며 허리를 비트는 자극으로 내장의 근육이 이완되어 혈액순환이 촉진된다.

동작

1. 누워 두 다리 뻗고 왼다리를 세워서 발꿈치를 엉덩이 밑에까지 밀착되도록 당긴다.
2. 오른손으로 왼다리 접어진 무릎 뒤 부분을 잡고 고개는 왼쪽으로 돌려놓는다.
3. 날숨에 맞춰서 순간적으로 왼다리를 잡은 오른손을 오른쪽으로 당기고 동시에 상체를 왼쪽으로 비튼다.
4. 자세 바로 한 다음에 다리 바꿔서 반대로 실시한다.

발목 잡아 좌우 흔들기

척추가 뒤틀려 척수신경이 압박받아 통증이 있어도 이 운동을 꾸준히 하면 해소된다. 또한 척수신경이 지배하는 인체 각 기관들의 기능이 활발하게 이뤄진다. 추골의 비틀어짐과 척추의 휘어짐을 다스리고 척추를 둘러싸고 있는 근육의 굳어짐을 풀어내는 등 질병 예방과 극복에 큰 효과가 있다. 척추가 삐틀어지고 휘어지게 되면 내장이 압박을 받아서 아래로 쳐지고 내장이 굳어지게 되는데 이로써 복강 안의 여러 장기들의 기능저하가 일어나고 질병의 원인이 된다.

동작

1. 두 분이 한조가 되어 한 분은 누워 팔을 머리 방향으로 뻗어 올린 뒤에 팔을 구부려 팔꿈치가 몸통 쪽으로 붙게 하며 온 몸의 힘을 빼고 이완해야 한다.
2. 한 분은 누운 분의 발목을 잡아 15˚ 올려서 엉덩이를 축으로 하여 좌우로 가볍게 흔들어 준다. 이 때 양 발목의 길이가 차이나지 않게 잡고 허리와 등이 바닥에 닿도록 한다.
3. 누워있는 분은 이완되어 있어야 하며 운동을 시키는 분은 무리하게 흔들면 안 된다. 잘못하면 자신의 허리가 삘 수 있으니 자세에 신경을 써야 한다.

치골 잡아주기

치골 뿐 아니라 고관절을 바로 잡아주는 효과도 있다. 파트너가 없이 혼자 할 경우에는 주먹 쥐고 두들겨 주면 된다.

동작

1. 한 분은 오른쪽으로 눕게 하여 머리는 오른팔을 접어서 베개 삼고 오른다리는 펴고 왼다리는 펴서 오른다리 안쪽에 위치하도록 한다.

2. 파트너는 다리 사이에 무릎을 끼어 넣고서 오른 손 바닥 중앙에 대퇴골 큰 돌기가 들어오게 해서 수차례 눌러준다. 이어서 방향 바꿔 반대로 시행한다.

체조법

천골 잡아주기

천골을 바로 잡아주며 천골에서 뻗어 나온 신경이 지배하는 생식, 비뇨, 항문기능 정상화에 탁월한 효과가 있다. 천골을 바로 잡아야 허리를 반드시 세울 수가 있고 단전까지 기운이 통하게 하는 것은 물론 굳어진 감정을 풀어주기도 한다.

원래 미추는 꼬리뼈를 말하는 것으로 이성 간에 자신의 호의를 표현하는 하나의 수단으로 "꼬리를 흔든다.", "꼬리를 친다."는 등의 표현을 하기도 하는데 이것은 꼬리뼈인 미추의 신경이 살아 있음을 말하는 것이다. 그러므로 천골을 자극하면 둔화된 원초적인 감정과 힘이 살아나게 되면서 정력적이 된다.

동작

1. 한 분은 자리에 누워 팔은 가지런히 몸통 가까이 내리고 고개는 한쪽으로 돌려놓는다.

2. 파트너는 엉덩이 왼쪽에 자리를 잡고 왼손바닥을 오른 손등위에 포개어 천골에 갔다가 댄다.

3. 팔을 펴고 상체의 힘을 손에 실어서 지그시 눌렀다 났다 반복한다. 또는 왼발은 세우고 오른쪽 발을 천골 위에 올려놓고 무릎을 구부리고 양손을 오른쪽 무릎위에 포갠 상태로 자세를 취해도 되고 부부나 애인사이에는 천골 위에 기마자세로 앉아 있어도 된다. 혼자서 목침을 이용할 때에는 목침위에 천골을 올려놓아도 된다.

척추 S라인 만들기

경추에서 요추까지 경직을 풀어주고 S라인을 만들어 준다. 아침 잠자리에서 일어나기 전에 기지개 펴기와 함께 이 동작을 해주면 자는 동안 굳어진 근육이 일시에 풀어져 신경이 열리고 혈액순환이 원활하게 되어 가볍게 자리에서 일어날 수 있다.

동작

1. 자리에 누워 무릎 세워 발 사이는 약간 벌리고 두 손은 펴서 15°각도로 올린다.
2. 숨 내시면서 턱 가슴에 당기고 머리와 엉덩이 부분에 의지하여 몸체를 최대한 위로 들어 올린 상태에서 자연호흡을 한다.
3. 들숨에 몸이 바닥에 닿게 자세를 풀었다 숨 고른 뒤에 다시 동작을 반복한다.

126

어깨 돌려 내리기 ①

심장을 자극해서 혈액순환을 촉진케 하며 심혈관 질환을 예방 및 극복하도록 도와준다. 허리를 바로 세움으로 인하여 뒤틀린 내부 장기가 정렬되며 골반을 바로 잡아 전립선, 요실금, 냉대하, 생리통, 성기능장애 등을 다스린다.

동작

1. 가볍게 반가부자나 책상다리를 하고 골반을 앞으로 살짝 밀어서 허리를 반드시 세우고 등과 어깨를 편다. 시선은 15°상방에 둔다. 앉아 있을 때는 수시로 등 뒤로 깍지 끼어 어깨 돌려 내려서 척추 바로세우기를 해 주면 척추의 S라인을 회복하여 건강한 몸을 만들 수 있다.

어깨 돌려내려 ②

'어깨 돌려내려 ①'의 효능을 포함하여 턱과 목을 다스리며 어깨와 등 근육의 굳어짐을 풀어서 가슴을 활짝 열리게 한다. 또한 일자 목을 바로 잡아 준다.

동작

1. 반가부자나 책상다리로 앉아서 등 뒤로 손깍지 끼고 어깨 돌려 내려서 척추를 바로 세운다. 팔을 펴서 위로 들어 올리면서 동시에 머리는 뒤로 젖혀 자세 고정하고 머리를 좌우로 가볍게 움직여 준다. 무리가 되는 분은 머리를 바로 세우고 해도 된다.

체조법

무릎 꿇어 다리 풀기

고관절과 무릎을 유연하게 하며 다리 근육을 조정하는 효과가 있으며
다리의 혈액순환을 촉진하여 다리의 부종을 해소한다.

동작

1. 방석위에 무릎을 꿇고 앉아 수건이나 얇은 방석을 접어서 허벅지와 종아리 사이에 낀다.
2. 손은 무릎위에 올려놓고 허리를 앞으로 살짝 밀면서 등을 편다. 시선은 상방 15°에 둔다. 30초 정도 자세를 유지 하다가 수건의 이치를 이동하면서 계속해 나간다.

배꼽 풀기

이 동작으로 아래로 쳐진 내장이 제 위치를 찾아가고 내장의 활동이 촉진되면서 막혔던 숨길이 열린다. 특히 단전丹田이 열려서 몸과 마음이 안정을 찾고 상쾌한 기분을 얻게 된다. 단전의 '丹'이란 '붉다'란 의미로 태양이란 뜻이고 '田'이란 태양을 품고 있다는 어미母와 통한다. 즉, 단전이란 생명의 에너지氣을 품고 있는 센터이며 꿈과 희망의 원천이기도 하다.

이 자리가 막혀 있으면 흉식 호흡을 하며 아래로 내려가는 숨길이 막혀서 기진맥진한 상태가 되고 혈액순환이 안 되어 몸이 차갑고 입맛이 없으며 생활에 권태를 쉽게 느낀다.

동작

누워있는 파트너의 몸 오른쪽 가까이 붙어서 다리 쪽을 향해 자리한다.

1. 양 엄지손가락을 붙여서 명치에서 배꼽 이전까지 눌러 내려가다가 다시 오른손바닥 뿌리부분을 배에 대고 배꼽을 중심하여 시계방향으로 풀어간다.

2. 오른손 엄지위에 왼손 엄지를 포개어 얹고 단전자리에 갔다 된다. 내 쉬는 숨에 마쳐서 눌러 들어갔다가 위쪽으로 자극을 준다.

3. 두 손을 배꼽위에 포개어 시계방향으로 돌려서 내장을 감싸고 있는 근육을 풀어주고 이어서 들이 마시는 숨에 마쳐서 내장을 배꼽으로 모아들이는 쓸어 올리기 동작을 한다.

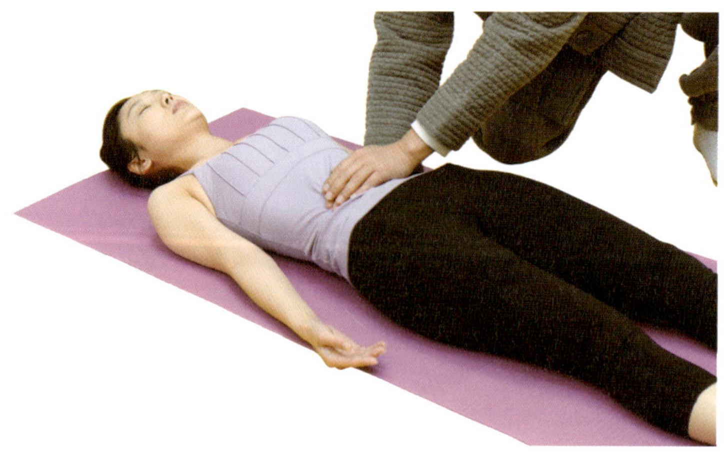

단전 치기

단전丹田은 에너지의 센터이다. 기해氣海라는 혈 자리가 있는 자리이기도 하는데, 말 그대로 에너지의 바다라는 뜻이다. 이 단전丹田이 막히면 정상적인 생리작용에 문제가 생겨서 몸이 무너지고 온갖 병이 발생하는 데까지 이르게 됨으로 챙겨야 할 부분이다. 범부는 목에서 호흡하고 신선은 꼬리뼈로 호흡한다는 말이 있다.

범부는 숨길이 막혀서 숨을 쉬어도 단전까지 기운이 통하지 않고 단지 가슴까지만 이르렀다 나가는데 신선은 단전丹田이 풀려서 숨을 쉬면 단전에 이르고 다시 선추仙椎을 지나서 미추尾椎인 꼬리뼈까지 기운이 뻗친다는 뜻이다. 그래서 허리뼈 바로 밑에 있는 뼈 이름을 선추仙椎 곧 '신선의 뼈'라고 하는 것이다. 시간이 좀 걸리는 방법이지만 지속적으로 하면 기운도 생기면서 단전丹田이 열리게 된다.

동작

1. 책상다리나 연꽃자세 또는 무릎 꿇어 앉는다.
2. 척추를 바로 세우고 시선을 상방 15°에 두고 숨을 깊이 들이 마신 뒤에 숨을 멈춘다. 이어서 주먹을 쥐고 양손을 번갈아 가면서 단전 부위를 때려준다.
3. 힘차게 숨 내쉬면서 배꼽을 허리 쪽에 붙인 후 10초간 숨을 멈춘다.
4. 숨을 편안히 쉬면서 양손 합장 하고 가슴을 두들긴다.
5. 손깍지 끼고 머리 위로 쭉 뻗어 올렸다 내린다.

침샘 열기

치아가 있는 입 안의 건강상태가 우리 몸의 건강을 읽어보는 전광판 역할을 한다고 할 정도로 중요하다. 치아는 우리 몸의 뼈에 연관되어 있고 그 중 어금니는 건물의 기둥과 같아서 이 부분이 약해지면 몸 전체의 균형이 무너진다고 봐야한다.

잇몸은 오장육부와 연관이 되어 있어서 내장 건강의 바로 미터라 할 정도로 중요한 부위이다. 침샘 열기 운동법은 입안에 기생하는 수억만 마리의 병균을 박멸한다. 침은 염증을 없애고 균을 박멸하며 소화를 돕는 성분이 이다. 또한 신장의 기운이 활성화되어 심장의 화기를 조절해주고 뇌를 맑게 하여 총기를 갖게 한다. 각종 호르몬 분비를 조절해 내분비기능을 정상화시키는 등 그 효과는 아무리 강조해도 부족하다. 이 건강법만 열심히 실천해도 병의 80% 정도는 예방할 수 있을 것이다. 건강한 사람도 나이가 들어가면서 입안이 마르기 시작하는데 이는 호르몬 분비에 문제가 생기고 있고 몸의 각 기관이나 기능이 현저하게 떨어지고 있다는 신호인 것이며 이는 입안의 세균의 증식을 암시하는 것이다.

동작

1. 척추를 펴고 바른 자세로 앉는다.
2. 혀로 입 안을 구석구석 문지르면서 침이 나오도록 한다.
3. 입안에 고이는 침을 모았다가 세 번으로 나눠서 삼킨다

머리 자극하기

목은 이목구비와 대뇌의 신경과 혈관이 올라가는 중요한 길목이며, 몸의 긴장상태가 곧바로 나타나서 쉽게 굳어지는 곳임으로 자극을 해서 풀어주어야 한다. 후두골소뇌에 기혈유통이 원만하면 우리 몸의 근육과 신경기능을 조절하는 자율신경 기능을 정상화하고 혈액순환이 원활하여 기억력, 집중력, 불면증, 건망증, 두통, 치매, 중풍, 불안 증세를 예방 및 치유할 수 있으며 이목구비의 기능을 정상화시켜준다.

동작

1. 양손 손가락을 구부려 끝을 세우고 손에 힘을 뺀다.
2. 머리 중앙부 백회혈을 중심으로 머리 전체의 혈을 자극한다.
3. 손깍지 끼고 후두골 바로 밑과 뒷목을 압박하면서 골고루 자극이 가게 한다.

웃음 짓기

인간의 뇌간은 사실 여부를 판단하고 결정하는 대뇌와 달리 대뇌와 소뇌에서 전달해주는 정보에 따라 움직인다고 한다. 무엇을 상상하는 것만으로도 그에 따른 행동을 실행하도록 자율신경계를 움직인다고 하는 것이니 '일체유심조화'의 원리가 바로 이것이며 명상, 기도, 암시훈련, 의지강화 훈련 등도 넓은 의미에서 이에 해당한다.

웃음은 스트레스 해소, 진통억제, 어두운 기운을 물리치고 밝은 기운을 끌어당겨 행운을 불러오기도 한다. 웃으면 얼굴에 분포되어 있는 신경들이 이완되는 것은 물론 얼굴 뿐 아니라 사실은 전신 근육의 굳어짐을 풀어주고 신경의 긴장을 해소해 준다.

가벼운 웃음에서 강한 웃음으로 넘어가면 강한 복압이 걸리고 이는 내장을 쥐어짜다 한 순간에 풀어주어 많은 혈액의 유입을 가능하게 함으로 내장을 정화하고 기능을 강화하게 된다. 미국대학 연구팀에 의하면 웃으면 2분 안에 그 효과가 나타난다고 보고하고 있다. 사람은 긴장하게 되면 곧바로 얼굴 근육이 굳어진다. 혹자는 긴장의 80%가 얼굴에 집중되기 때문에 얼굴의 굳어짐을 풀어주는 것만으로도 몸과 마음을 안정시킬 수 있다고 한다. 그래서 웃는 것은 중요하다.

부처님의 얼굴은 항상 웃는 모습을 하고 있다. 부처님은 긴장에서 벗어나서 완전히 이완되어 있는 평화로운 얼굴이다. 웃음이야 말로 부적 중에 최고로 신통한 부적이며 갇혀있는 생명력자연체유력을 활성화 하여 막힌 운을 열어주는 비법인 것이다. 바른 자세로 앉거나 서서 고개를 들고 호탕하게 웃음 지어보자. 몸을 움츠리며 웃는 사람은 없다. 움츠리는 자세는 저항감을 일으켜 공격적이 되거나 좌절감을 갖고 우울증을 앓을 수 있다. 웃으면 움츠려있던 몸이 활짝 펴지게 되면서 면역계, 내분비계, 신경계, 기관지, 호흡기관, 순환계, 소화기계 등 생명체의 활동에 필요한 모든 기능들이 활성화 된다. 크게 웃으면 복압이 걸렸다 풀렸다 반복하면서 굳어진 복직근이 풀어지고 숨길이 아랫배까지 열리게 된다. 위축된 몸이 풀리면서 마음의 불안, 정신의 산만, 몸의 불편함까지 해소해준다. 그래서 웃음은 만병통치약이라 수 있다.

웃음을 잃어버린 현대인은 정작 기쁨을 나눠야 하는 자리에서 조차 감정을 나누는 것을 어색해 한다. 그래서 그런지 요즘에는 웃음치료사라는 신종 직업이 생겨서 "억지 웃음이라도 지어야 당신이 건강해지고 행복해 질 수 있다."라는 말을 하기에 이르렀다. 웃음이란 건강, 재물, 자족감, 기쁨, 꿈, 행복 등을 상징하는 것이다. 종교적으로는 신불이 내리는 축복이나 보살핌을 의미하기도 한다. 그러므로 "웃으면 복이 와요!"라는 속담은 듣기 좋은 덕담이 아니라 사실을 표현하는 것이다. 웃음을 잃어버린 사람은 몸이 굳어져 있으며 사고도 경직되기 쉬우며, 마음은 우울증이라는 어두운 분위기 속에 있거나 조울증이라는 화약고<u>분노의 마음을 억압</u>를 가슴에 품고 있게 된다. 이런 분들의 몸속을 들어다 보면 혈관, 신경, 경락 등이 소통이 안 되어 기능 장애를 겪고 있다. 가슴이나 폐가 열병을 앓고 머리는 소위 '뚜껑 열린다'고 하듯이 뇌속에 열기가 들어와 뇌압<u>뇌속의 실핏줄이 파괴되면서 뇌에 영양, 산소공급에 문제 생김</u>이 올라가고 열병을 앓고 있는 것이다. 뇌혈관질환, 고혈압, 이명증, 안구질환, 신경쇠약, 코 질환, 구강질환, 호흡불안, 치매, 정신이상, 귀신장애 등이 발생하게 된다. 아래에 있어야 하는 열이 위로 몰려있으니 복부와 다리는 냉기가 감돌아 자궁질환, 전립선 이상, 치질, 변비, 설사, 불감증, 조루, 수족냉증, 하체부종 등의 질환을 겪게 되고 암에 걸릴 가능성이 많아지게 된다. 웃음은 수기와 화기의 부조화를 조정하고 자율신경 실조를 조정해서 우리 몸의 자연치유력을 극대화시키게 된다. 막힌 신경이 트이고 혈관이 확장되며 경락에는 기운이 힘차게 감돌게 된다. 그리하여 몸의 각 기관과 부위들이 소통하게 되고 나아가서는 대자연과 교감을 나누게 된다. 그러므로 웃음의 신비로움을 말로 다 설명할 수가 없을 정도로 그 의미가 위대한 것이다.

동작

기합 소리

바른 자세로 앉거나 서서 깊은 숨을 들이 마시고 숨을 멈춘 뒤에 아랫배에 힘을 준다. 이어 내 쉬는 숨에 마쳐서 순간적으로 '하!' 소리를 크게 낸다. 이 때 소리를 배꼽아래 단전에서 끌어 올려 입으로 힘차게 토해 낸다 생각하며 실시하면서 몸 안의 탁한 기운을 밖으로 몰아낸다고 생각한다. 탁한 기운이란 본질적으로 인간의 과한 욕심이 몸과 정신을 혹사 시키면서 만들어 낸 것이다. 인간은 자기 욕심대로 안 될 때 화를 내게 되는데 이 분노의 감정이 가슴에 뭉치면 심장이상을 일으키고 목을 타고 뇌로 들어가면 중풍이 되는 것이다.

순간적으로 소리를 힘차게 지르면 몸이 펴지면서 눌려있던 신경이 트이고 숨길이 열리서 몸이 가벼워진다. 기어들어가는 소리를 내면 몸이 움츠려들어 어깨가 기우러지고 등이 굽어서 가슴을 쪼이고 된다. 이는 만병의 원인이 되니 기합소리와 함께 움츠려든 몸을 활짝 펴도록 하자.

동작

베개방석 이용법

메밀이 들어 있는 원통 모양의 베개를 준비하고 다리는 책상다리를 하도록 한다. 허리와 등이 만나는 오목하게 들어간 지점에 베개를 대고 그대로 눕는다. 팔은 어깨와 나란히 되도록 옆으로 펴거나 머리 위로 뻗어 올려서 20분간 휴식에 든다. 몸이 굳어 있어 유연성이 떨어지는 분들은 작은 방석의 접어진 부분을 천골 바로 위에 가게 하여 눕도록 하다가 점차 방석을 높여서 머리가 완전히 뒤로 젖혀지도록 자세를 취하도록 한다.

이 자세는 척추를 S라인이 되게 만들어 주는 동작으로 허리를 세우고 등과 어깨를 펴서 가슴을 활짝 열리게 하며 일자 목을 바로 잡아준다. 또한 단전까지 숨길이 통하게 되며 어른이나 학생 할 것 없이 현대인의 절반이상으로 알려진 척추측만증을 해소하는데 도움이 된다. 또한 등과 가슴을 활짝 펴게 하고 목의 긴장을 이완시킴으로 해서 스트레스로 인한 자율신경계의 실조증을 해소하고 과로로 인한 근육의 굳어짐을 풀어주는데 큰 도움이 된다. 뇌가 지나친 긴장으로부터 벗어나서 안정됨으로 혈액순환, 호흡, 장운동 등이 정상화되는 효과가 있다. 마음이 불안하고 정신이 혼란스럽고 몸이 심하게 긴장 또는 무력증을 느낄 때 실시하면 도움을 받을 수 있다. 일어날 때는 몸을 옆으로 돌려 가슴을 바닥에 대고 엉덩이부터 뒤로 빼면서 일어나 고양이 자세로 척추를 늘려주도록 한다.

동작

목침으로 선추_{천골} 풀기

신선은 선추(8개의 구멍이 뚫려있다)까지 호흡의 기운이 미친다고 한다. 이는 몸과 정신과 마음이 균형과 조화를 이뤄내는데 중요한 지점이기도 하다. 선추에 목침을 두고 이완된 상태로 누워있으면 깊은 호흡이 자연히 되면서 선추까지 기운이 통하게 됨을 느낄 수 있다.

동작

1. 편히 자리에 누워 목침을 선추 아래에 놓고 10분간 휴식한다. 이 때 팔은 머리 쪽으로 뻗어 올리거나 어깨선에 마쳐서 벌리도록 하며 손바닥은 위를 향하게 한다. 다리는 될 수록 가까이 붙이도록 한다.

체조법

목침으로 경추와 두개골 풀기

뇌 건강의 척도는 목뼈와 이를 감싸고 있는 인대와 근육의 상태와 직결되어 있다. 긴장을 풀고 천천히 동작을 해서 목을 풀어줘야 한다. 머리를 감싸고 있는 두정골, 전두골, 후두골, 측두골을 이어주는 지점은 숨을 들이마시고 내쉬는 가운데 미세하게 움직이게 되어 있다. 이것은 선골도 마찬가지이다. 그러나 스트레스, 피로누적, 운동부족으로 인하여 몸과 정신의 균형이 깨어지게 되면 두개골의 봉합선이 굳어져서 그 움직임이 현저하게 떨어지고 두뇌기능이 저하되어 뇌 건강에 이상을 발생하게 된다.

동작

1. 편히 자리에 누워 일곱 뼈가 있는 경추아래 목침을 놓고 5분간 휴식한다.
2. 다시 목에 힘을 뺀 상태에서 천천히 머리를 좌우로 움직여 준다.
3. 목침으로 두개골 구석구석을 자극하여 준다.

손가락 펴기

손가락 하나하나에 이목구비와 오장육부와 연결된 혈과 신경이 분포되어 있다. 손가락의 자극은 말초신경을 자극하여 혈액순환과 뇌 근육의 운동성을 강화시킨다. 그러므로 심혈관 질환, 뇌질환 예방과 극복에 도움이 된다. 치매, 뇌출혈, 어지럼증, 두통, 불면증, 안면마비 등에 효과가 크다.

동작

1. 편한 자세로 앉는다.
2. 손가락(또는 발가락)을 활짝 펴서 쥐었다 폈다 반복한다.
3. 양손을 깍지 낀 상태로 자극을 준다.

체조법

STEP 96

부처 손

손바닥에 의식을 집중하여 에너지 흐름을 느껴본다. 기감을 넘어서 본 질적인 마음을 이해해보는 수련인 것이다. 기감을 마음으로 들어가는 하나의 문으로 삼아 보는 테크닉이다. 그러므로 문 밖의 현상에 머뭇거리지 말고 문 안으로 들어서서 온갖 생각을 쉬고 마음의 평정을 이루는 데까지 나아가도록 해야 한다.

동작

1. 편한 자세로 앉아 허리를 세우고 가슴을 활짝 편다.
2. 눈을 감고 두 손바닥을 가볍게 비벼준다.
3. 양손을 합장하고 손바닥을 좌우로 붙였다 떨어졌다 반복한다.
4. 손바닥을 위아래로 붙였다 떨어졌다 반복한다.
5. 합장하여 손바닥 사이에 여의주가 들어 있는 것으로 생각하며 돌려보다 점차 움직임의 폭을 넓혀서 팔과 몸까지 이어지게 하다 바로하며 합장한다.

팔 자유 행선

전신체조라 해도 과언이 아닐 정도로 온몸의 관절과 근육을 하나하나 자극하는 운동이다. 큰 힘 들이지 않고서도 건강효과가 크다. 성장기의 학생, 혈기왕성한 장년, 병약한 노인에 이르기까지 장소에 구애 없이 실시할 수 있다. 주방, 사무실, 학교 등 실내, 실외를 가리지 않고 삶의 현장 어느 곳에서나 실시할 수 있다. 항상 휴대하고 다니는 휴대폰을 사용해도 되며 지갑이나 책도 가능하다. 단지 주의할 점은 허리와 등을 굽게 하면서 진행되는 무리한 동작들은 결과적으로 척추를 뒤틀리게 하여 건강에 악영향을 끼치게 됨으로써 허리와 등을 굽게 하는 동작은 취하지 않아야 한다.

동작

체조법

1. 다리 어깨 넓이로 벌려 서서 몸에 힘을 뺀다.
2. 왼손바닥위에 휴대폰을 올려놓고 오른손은 허리로 가져간다.
3. 전신의 힘을 뺀 상태에서 작은 원으로부터 시작하여 큰 원으로 그려 나간다.
4. 몸이 허락하는 범위 내에서 원을 그려나가면서 몸의 이완에 최대한 신경을 써야 한다.
5. 휴대폰을 왼손 들고 오른손 들고를 3회 반복한다.

제 **4** 장

두드림

참된 자기에게 돌아가는 길

마음에 대하여

　　　　　　물의 결정체에 대한 보고서로 알려진 《물은 모든 것을 알고 있다》라는 책을 출간한 일본인 에모토 마사루江本勝씨는 우리에게 놀라운 사실을 알려주었다. '사랑한다.', '미워', '예뻐', '죽어' 등의 말을 사용할 때 물 입자조직이 '말에 따라' 변화했던 것이다.

　최근 텔레비전 방송에서 꽃이나 콩나물, 먹는 밥을 대상으로 한 실험에서도 분명한 차이가 나타나고 있음을 확인할 수 있었다. 말씀波動의 창화력創化力이 물질의 조직에까지 영향을 미치고 있다는 가설은 모두 사실이었다. 그러나 이러한 실험이 새삼스럽지 않은 것은 정신과학에서는 이러한 현상을 수없이 얘기하고 있었으며, 종교나 도의 차원에서는 '믿음'의 힘이 삶의 여러 방면의 변화를 이끌어 내고 죽음까지도 다스리는 교화의 힘이 있다는 것을 주장하여 왔기 때문이다. 더 나아가서 수행의 차원에서는 음과 양이라는 삶과 죽음의 문제를 함께 벗어나려면 음양이라는 에너지의 양분 상황을 거슬러 분리이전의 전일全一한 상태로 돌이켜야迴光返照한다고 주장되어 왔던 것이다. 즉, 두 갈래 길로 나눠지는 음양의 두 상반된 기운을 조화시켜서 태극의 본원으로 환원시켜야 밝음을 회복할 수 있다는 것이다.

　기도를 활용해서 현실의 문제를 해결하고 죽은 망자의 문제를 해결하는 단계에 머물지 않고 한 발짝 앞으로 나아가야 중생이라는 이름표를 영원히 뗄 수가 있는 것이니 •백천간두진일보百尺竿頭 進一步가 요구되는 지점이기도

•백천간두진일보百尺竿頭進一步라는 말은 참선을 하는 문중에서 사용하는 것으로 백 척의 높은 작대기 위에 서서 허공 속으로 한 발 앞으로 내 딛으라는 말이다. 백 척이나 되는 작대기 위에 이르기도 어려운 공부인데 그곳에 멈춰있지 말고 아무런 의지처가 없는 허공가운데로 몸을 던지라는 것이다. 공부자가 통과해야 할 최후의 관문이라고 할 수 있다.

146

하다. 그곳이 과거와 미래가 만나는 현재라는 지점이요, 좌우가 사라진 중도中度의 자리라는 불입문자不入文字, 언어도단言語道斷이라고 표현되는 경계이다. 이곳은 부처님, 하나님, 도道 등 그 무엇이라고 이름을 붙일 수 없다. 바로 영零:제로 또는 무無인 것이다.

노자도덕경 1장에 "도가도비상도 명가명비상명道可道非常道 名可名非常名"이라 하여 '도를 도라고 하면 영원한 도가 아니고, 이름을 이름이라 하면 영원한 이름이 아니다.' 라고 말하고 있음도 같은 이치이다.

여러 단계의 의식 형성 과정

기도자나 수행자가 원래부터 무無인 근본의식을 구경究竟하려고 관광觀光에 나서도 현재 의식이나 무의식으로서는 도달할 수 없다. 헤아리는 사고 활동이 멈춰져야 비로소 도달할 수 있는 것이다.

아는 것으로 모르는 것을 알 수 없고 있는 것으로 없는 것을 상대해 낼 수는 없는 것이다. 의식을 다루는 것에 있어서도 있는 의식을 사용하여 없는 근본의식을 상대로 작업할 수 없는 것이다. 그러므로 의상대사는 법성게에서 구래부동명위불舊來不動名爲佛이라 하여 예로부터 움직임이 없는 것을 이름 하여 부처라고 한다고 표현한 것이다. 이러한 마음의 원래 모습에 변화가 찾아오는 시절이 있었다. 본래는 하나의 정신적 물질적 자극도 받지 않고 그에 따른 어떠한 심상도 갖지 않던 본래의 마음에 수수만년의 생명의 역사를 거치면서 외부에 대응하여 마음의 에너지가 밖으로 흘러나가면서 분열을 시작하게 된 것이다. 그러면서 의식 안에 각각의 층들이 형성되기 시작하였다.

먼저 형성된 의식은 시간의 흐름 속에서 다시 형성된 새로운 층으로 인하여 뒤로 자꾸 밀려가면서 신·구층이 형성되게 되었다. 마치 텅 빈 공간 안에 칸막이 공사를 하여 여러 개의 방을 만드는 것처럼 된 것이다.

자연현상의 전개과정이 미립자가 원자를 이루고 원자가 분자를 이루고 분자가 물체를 이루어서 광물, 식물, 동물, 인간으로 성립하는 과정과 같이 인간의식의 성립과정도 맨 처음에는 무無인 상태에서 자연 진화과정에서 의식의 각층이 형성되었다고 할 것이다.

그래서 하나의 본질적 의식太極이 즉자적即自的인 의식 활동을 통해서 음양이라는 내·외 의식으로 나누어지게 되었던 것이다. 그러므로 본래의 텅 빈 마음의 상태로 돌아가려면 조성된 칸막이를 하나씩 하나씩 거둬내야 비로소 가능한 것이다.

기도, 더 나아가서 수행이라는 것은 바로 이러한 나눠진 상황에서의 의식의 장막을 거둬내고 본래의 빈 공간을 회복하는 작업이다. 단지 다른 것이 있다면 칸막이 공사는 실제 칸들을 뜯어내는 것이지만 기도와 수행은 의식으로서 진행되는 작업이라는 것이 다를 뿐이다.

현재의식 ------ 陽 -- 有形있음 - 정신 - 육신세계

무의식 ------ 陰 -- 無形없음 - 귀신 - 영혼세계

근본의식 ------ 太極 - 眞空妙有 - 자성 - 본성세계

그러나 외물外物에 마음을 빼앗긴 채 근본의식이라는 본성은 아무런 생각을 담고 있지 않다. 마치 속이 텅 빈 종과 같은 것이다. 그러나 외부에서 어떠한 정보를 요구할 때는 즉각 반응한다. 종을 치면 소리로 반응하는 이치인 것이다.

이 상태를 금강경은 응무소주이생기심應無所住以生其心이라 하여 '응당 집착하는 바 없이 마음을 사용 한다.'고 표현하고 있다. 집착심으로 반응한다면 우리의 의식은 근본의식과 분리된 채 의식의 두터운 층에 갇히게 된다. 거울은 내용물이 없이 텅 비어있는 공空한 상태이므로 맑고도 밝은 것이다. 아무런 정보도 입력됨 없이 무無일 뿐이다. 그러나 거울 앞에 어떤 사물이 움직이면 그대로 비추어낸다. 거울이 움직여서 비추어지는 것이 아니라 거울은 가만히 있지만 물건이 움직이면서 거울에 비추어졌을 뿐이다.

근본의식은 보거나 듣거나 느끼거나 냄새 맡거나 생각하거나 하는 기능이 전혀 없다. 그러나 외부에 어떠한 움직임이 있으면 미세한 부분까지 즉각 감지하여 밝히 읽어내는 것이다. 이러한 근본의식을 관세음觀世音이라 하여 세상의 온갖 움직임을 보고 듣고 그에 응답한다는 것이다.

인간의 현실은 외부에 꺼둘린 나머지 에너지의 분리가 일어나고 그 결과 의식의 각층이 형성되어서 결국에는 지옥과 천국이 나누어지고, 이승과 저승이 나누어지고, 부귀와 빈천이 나누어지고, 대인과 범부가 나누어지고, 성인과 중생이 나누어지게 된 것이다.

또한 이렇게 될 수밖에 없는 중요한 이유는 자연계의 순환법칙이 애당초 그렇게 짜여 있었다는 사실이다. 소수의 수행자나 기도자만이 이를 알아차리고 근본의식을 찾아 구도수행하며 근본의식을 회복하려고 노력해 왔던 것 이다. 그러나 대부분의 사람들은 여전히 현실을 쫓아서 어느 한 편에 서고, 믿고, 따르는 등 분열로 나아감으로 인하여 오랜 생 동안 고통스런 현실을 벗어나지 못하고 이승과 저승을 오고가면서 고통을 반복하고 있는 것이다. 그래서 영혼이란 것도 알고 보면 의식 활동의 결과물인 기억의 집적물이다. 수행을 통해서 하나의 잡생각마저 비어내게 되면 영혼이란 존재하지 않는 것이다. 이것이 영혼의 진정한 구원인 '하늘나라'를 회복한 것이 된다.

불교는 마음을 어떻게 보는가?

불교에서는 마음의 구조와 작용을 8식과 12연기논리로 설명하고 있다.

*안식(제1식) : 시각의 감각기관

*이식(제2식) : 청각의 감각기관

*비식(제3식) : 후각의 감각기관

*설식(제4식) : 미각의 감각기관

*신식(제5식) : 촉각의 감각기관

*의식(제6식) : 정신작용의 감각기관으로 '의식이 있다' '의식이 없다' 할 때는 제 6식을 칭한다.

*말라식(제7식) : 자아의식이라는 '에고' 로서 제 6식인 의식작용이 단절되는 수면상태나 기절상태에서도 작용이 계속된다.

*아뢰야식(제8식) : 인간의 모든 움직임이 고스란히 입력되는 행위업의 저
   장소이다.

불교에서는 사람이 세상에 태어날 때 명名 : 마음과 색色 : 육체을 갖고 태어
난다고 본다. 그리고 아이가 1~2세가 되면 육처六處 : 눈, 귀, 코, 혀, 피부, 뇌라는
감각기관이 외부세계에 열리어 접촉觸을 하게 된다.

3~5세가 되면 적극적으로 자기 의사표현을 하면서 외부 세계와 접촉하
며 의식상으로 호 불호가 구분되며 희로애락의 감정을 갖게 된다受. 이러
한 과정이 이어지면서 지각受에 의해서 탐욕愛이 생기고 탐욕愛은 그것을
지속적으로 소유하려는 집착심取을 갖게 된다고 한다.

자기 경험에 의하여 좋고 나쁘고, 즐겁고, 슬픈 것을 구분하여 좋고 즐거
운 것은 취하고, 나쁘고 슬픈 것은 멀리하려는 경향을 갖는다는 것이다. 이
러한 집착심取은 죽지 않고 살고 싶어 하는 목숨에 대한 집착取으로도 나
타난다고 한다.

이러한 일련의 작용들이 마음의 경계를 만들어 내어서 사물의 본 모습根
본을 보지 못하게 하는 고통苦을 만드는 이유가 된다. 그러므로 이 유有, 취
取, 애愛를 버리는 것이 바로 고통苦을 벗어나는 길이 된다.

(1) 생有을 오래 유지하려는 집착심

(2) 재물에 대한 집착取

(3) 탐욕愛

그러나 부처님께서는 인간의 의식구조가 심心 : 제8식 아뢰야식, 의意 : 제7식 말

라식, 식識 : 제6식 중층구조로 이루어져 있어서 각층에 끼인 때를 벗겨내야
청정함을 회복할 수 있다는 것이다.

위에 언급한 유有, 취取, 애愛는 제 7식 말라식의 영역까지이므로 제8식
아뢰야식에 낀 때는 여전히 남아 있음으로 이를 해소해야 만이 청정심을
회복할 수 있다는 것이다. 제8식 아뢰야식은 인간의 모든 행위 즉 업의 저
장소라고 하였다. 사람이 죽으면 생전의 제6식과 말라식의 정보가 고스란
히 아뢰야식에 저장되어 다음 생으로 이어지게 된다.

이를 '영혼' 또는 '중유'라고 이름 하는 것이다. 수많은 윤회 속에서 얻어진
지식과 정보들이 모두 영혼아뢰야식속에 입력되어 있다가 인연이 되면 현실
화되어 나타나는 것이 바로 숙명인 것이다. 수행자는 최종적으로 제 8식인
아뢰야식까지 통과하여 그 본래의 공성空性을 자각自覺하여야 한다.

지심귀명례至心歸命禮

수행이란, 지심귀명례의 뜻에 담긴 의미처럼 자신을 비어내
고 목숨을 다 바쳐서 참 자기에게 돌아가는 의식과도 같다. 부귀라는 것은
세상의 재물과 이목을 모으는 것이다. 그러나 정말 큰 부귀는 모으는 몸짓
을 멈추고 자신을 비움으로써 자연히 얻어지는 것이다. 지식이란 세상 돌
아가는 알음알이인데 정말 크게 아는 것은 인식과정을 멈추고 있는 그대로
사물을 바라보이는 경계에서 얻어지는 지혜이다.

무엇을 이루게 해 달라는 기도나 무엇을 이루겠다는 것은 작은 바람이

요, 바람 없이 진행되는 수행이야 말로 큰 바람인 것이다. 중국선종의 2대 조사이신 혜가 스님이란 분이 계셨다. 달마대사에게 불법을 깨우쳐 달라고 간청하며 자신의 왼팔을 칼로 잘라 들어 보이며 진리를 깨칠 때까지 물러서지 않겠다는 결의를 보여서 제자로서 받아들여질 수 있었다. 기도를 하거나 참선을 하거나 결연한 의지가 있어야 비로소 뜻을 이룰 수 있는 것이다.

태어날 때 운명의 패턴이 주어져 있다.

　　　　로또 당첨이 행운일 수도 있고 돈 벼락이 될 수 도 있는 것은 그 큰돈을 소유할 수 있는 힘이 마음속에 있느냐 없느냐의 문제와 연결되어 있다. 현실적으로 돈을 운영, 관리하는 능력의 문제가 아니고 마음속에 그 큰돈을 소유할 힘이 축적되어 있느냐 없느냐의 근원적인 문제인 것이다.

　큰돈이 갑작스럽게 생기게 되면 감당할 수 없는 사람은 마음의 안정을 잃게 되고 그로 인해 자신과 가정을 망가뜨리는 패가망신의 길을 가게 되는 경우를 종종 목격하게 된다. 큰돈을 소유할 수 있다는 것은 오랜 세월 돈을 축적할 수 있는 피땀 어린 노력의 과정이 있었다는 것이다. 대부는 하늘이 내고 소부는 노력 속에 있다는 말이 있다. 과거 오랜 생 속에서 돈을 축적한 노력의 과정이 있었기에 남들보다 더 쉽게 돈을 축적해 낼 수 있는 것이다.

　자신의 무의식속에 큰돈을 축적해 낼 수 있는 재복財福의 씨앗이 프로그램 되어 있었던 것이다. 기도의 원리는 어떠한 생각이 지속적으로 반복되므로 인하여 강력한 에너지의 축적이 무의식 상태에 각인되어 프로그램 되어 있다가 시절인연이 도래하면 현실화 되는 것이다. 한 두 번의 생각으로 끝나는 것은 현실로 연결되기 어렵다. 창조의 메커니즘은 지속적인 생각이나 행위의 반복으로 무의식에 각인된 내면의 힘이 현실화되는 것이다. 즉, 사념思念의 응집현상이 물질의 질과 양을 결정하게 되는 것이다.

생각의 반복이 → 행동이 되고 → 행동의 반복은 → 습관이 되고 → 습관의 반복은 → 운명을 지배하는 힘이 되어 무의식 속에 프로그램으로 입력되는 것이다. 기도는 무의식에 이미 각인된 정보를 관리하고 또한 필요한 새 정보를 입력하여 자신이 원하는 결과를 현실적으로 만들어 내려고 하는 작업이다.

칼융의 심리학이론에 의하면 우리의 의식구조는 현재의식, 전의식, 무의식으로 이루어져 있다고 보고 있다. 이는 불교의 유식학의 이론과 연관되어 있기도 하다. 인간의 현재의식이란 에너지가 분산되어 있다. 마치 깨어진 그릇의 파편처럼 조각조각 힘이 분산되어 있는 것이다. 마치 빛이 프리즘을 통과하게 되면 빨, 주, 노, 초, 파, 남, 보라는 일곱 가지 무지개 색깔로 나뉘는 것과 같다.

이러한 현실은 나와 너, 내 것 네 것 이라는 이분법으로 갈리어져 분열상을 일으키고 대립투쟁으로 이어지게 된다. 그러나 의식의 심층부로 들어갈수록 에너지가 하나로써 결집상을 보여주기 시작한다. 그리고 여기서 더 나아가 무의식아뢰야식까지 뚫고 들어가게 되면 시간공간의 별다른 제약을 받지 않는 사념의 파동이 물결처럼 흐르는 차원이 나온다. 그러나 아직은 물질적 차원보다 좀 정밀한 차원일 뿐이지 중생의 세계인 것만은 사실이다. 그것은 수수만년의 윤회전생의 삶속에 축적된 정보와 지식, 경험 내용의 영향력 속에 있기 때문이다. 수행자가 백천간두진일보百尺竿頭進一步라고 하는 것은 바로 이 차원에서 주어지는 촉구이다.

이 차원에 머물게 되면 신통력을 발휘하여 상대의 마음을 읽어내고 귀신의 소리를 들을 수 있고 아픈 사람의 병을 치료할 수 있는 능력이 생기기도 하지만 그렇게 되면 대부분 귀신노름에 빠져서 혹세무민하다 결국에는 구렁텅이에 떨어지고 만다.

수행자는 육신이 죽어 저승으로 옮겨가듯이 마음이 죽어야 저승까지 벗어날 수 있게 되는 것이다. 바로 그곳이 부처의 자리요 도의 자리라고 하는 것이다. 역학에서는 이 자리를 태극이라 칭하며 육신과 정신 즉 양과 음이 분리되기 이전의 자리라고 하는 것이다.

남해안 다도해는 수많은 섬들로 이어져 있다. 겉에서 볼 때는 각 섬과 섬 사이가 따로 떨어져 별개로 존재하는 것 같은 겉모습이 현재의식 상태로 너와 나로 구분 짓고 대립, 투쟁하는 갈등상태로 나타나게 된다. 그러나 바닷물을 다 거둬내 버린다면 그 수많은 섬들이 하나의 거대한 산맥처럼 이어져 있는 하나의 산에 해당한다는 것을 알 수 있는 것이다. 밖으로 에너지가 나뉘어져 분열상의 눈으로 보면 너나가 구분되지만 에너지를 안으로 집중하여 근본의식으로 들어가면 통일된 하나의 상으로 나타나게 된다.

대인은 에너지를 전체적으로 사용하는 법을 아는 사람으로 모든 것을 끌어안고 조화하며 통일된 안목의 소유자이기 때문에 이러한 마음상태가 덕망으로 나타나게 된다. 소인은 에너지를 자신만을 위해 사용하다 분열 속에 휘말려 고통을 불러오게 됨으로 덕망을 잃게 되는 것이다.

기도자는 에너지의 집중적인 사용을 통해서 시간을 통제하며 마음이 짓는 창조의 메커니즘을 효율적으로 사용하는 사람이다. 오랜 세월동안 일정한 행위의 반복으로 형성되는 정신에너지의 실현이 아닌 짧은 시간 속에서 집약적으로 사용되어 원 하는 바 현상을 실현해 내려는 고도의 정신훈련인 것이다. 이러한 고도로 집중된 에너지를 사용하여 육신과 정신의 벽을 넘어서서 근본의식을 자각하는데 까지 나아가게 되는 것이다.

운명으로부터 자유로워지는 길

'우리 삶의 방향을 결정짓는 무의식의 작용을 자각自覺하지 못하면 이런 것을 두고 운명이라고 한다'.

– 칼 융Carl Jung

융은 우리에게 운명개척의 비법을 제시해주고 있다. 그것은 무의식이 우리 생활의 주요한 부분을 결정하게 작용하고 있는데 이러한 마음의 메커니즘을 파악하여 무의식의 영향으로부터 자유로워지게 자각自覺하는 작업이 필요하다는 것이다. 그러므로 기도란 자신의 현실을 만들어내는 마음의 메커니즘으로부터 자유로워지는 길이며 타고난 숙명으로부터 자신을 지키는 운명개척의 수행이기도 하다.

부자는 부자대로 가난뱅이는 가난뱅이대로 생활 속에서 반복되는 숙명패턴이 프로그램 되어 무의식속에 내장되어 있다. 단지 우리는 이를 알아차리지 못하고 정해진 프로그램대로 움직이고 있을 뿐이다. 칼 융은 이것이 바로 운명이라고 하였다. 그러므로 사람의 생김새가 십인십색이듯이 운명의 패턴 또한 각기 다른 것이다.

전생에 지은 업에 따른 프로그램이 일정한 삶의 패턴을 만들어 내어 자신을 끌어가는데 아무런 이의제기도 없이 따라간다면 운명개척은 요원한 일이 된다. 우리 마음의 희로애락이나 생활 속의 흥망성쇠를 결정짓는 운명의 프로그램을 이해하고 운명을 개척하기 위한 무의식의 심전心田속에 창조적인 발전을 위한 업그레이드 작업이 바로 기도라고 할 것이다. 그러므로 기도란, 타고날 때 가지고 나온 각자의 운명 패턴을 이해하고 이를 창조적으로 발전시켜나가는 운명개척의 훈련인 것이다.

필자는 운명으로부터 자유로워지는 방법으로 자신이 타고난 전생의 이력서인 사주팔자를 바로 이해하도록 하기 위해 도서출판 '맑은 샘'을 통해서 《사주팔자》라는 저서를 출간한 적이 있다. 사주팔자 저서를 통해서 알리고자 한 것은 전생에 자신이 지은 업력에 따른 일정한 운명패턴이 타고날 때 결정되어 있다는 것이었으며 이를 알아차리고 무의식속에 프로그램 되어 있는 업력의 작용으로부터 자유로워지는 개운법으로 기도의 필요성을 강조하였다. 지피지기知彼知己면 백전백승百戰百勝이라는 속담이 있다.

삶의 지도와 같은 운명의 정보가 들어있는 바코드인 사주팔자를 통해서 자신만의 운명정보를 알아낼 수가 있다면 인생은 지금보다는 훨씬 행복하게 만들어 갈 수가 있을 것이다. 그러므로 운명을 아는 것이 바로 자신을 알아가는 공부인 것이며 운명개척의 길이 바로 기도하는 삶인 것이다.

운명이란 마치 씨알이 싹을 내고 줄기, 가지, 꽃을 피우고 열매를 만들어 내는 것과 같다. 자연이 만들어낸 창조의 메커니즘을 활용하는 인간의 의지와 노력에 따라서 그 중 많은 사람은 행복한 삶을 살기도 하지만 거의 대부분 고통의 현실을 허덕이며 살고 있다.

운명의 프로그램이 작동하는 원리를 모르는 대부분의 사람들은 불행한 삶을 살고 있는 것이다. 인터넷에 접속하면 수많은 정보와 지식이 입력되어 있다. 접속자는 자신이 원하는 내용을 검색을 통해서 손쉽게 습득할 수 있는 것이다.

운명이라는 것도 컴퓨터의 운영체계에서 벗어나있지 않다. 한 번 입력된 정보라도 수정작업을 통해서 바꿀 수 있듯이 타고난 운명의 프로그램을 미리 읽어내면 기도의 과정을 통해서 조절이 가능한 것임을 말씀드리고 싶다. 창조의 메커니즘은 내 생각이든 타인의 생각이든 잠재의식에 하나의 씨로 떨어지게 되면 그에 대한 씨앗의 정보내용에 따라 어느 시기에 가면 현실화되어 나타나게 된다. 그러므로 남을 미워하는 것도 나와 상대 모두 불행한 씨앗이 되는 것이요, 남을 사랑하는 것은 나와 상대를 행복하게 하는 씨앗이 되는 것이다. 복을 짓든 화를 짓든 뿌린 자가 최종적으로 그 결실을 추수하게 되어 있는 것이 자연의 원리이다. 남을 위하여 산다는 것이 결국은 자신을 위해 사는 것이요, 자기를 위해 사는 것은 곧 남을 위해 살아야 하는 길이다. '네 이웃을 네 몸같이 사랑하라', '보시하라', '봉사하라' 하는 '위하여' 사는 정신이 바로 그것이다.

수행이란 무엇인가?

수행이란, '배우고' '알고' '쌓고' 해서 되는 것이 아니다. 배울수록 알수록 쌓을 수 록 수행하는 것이 아니다. 그것은 세상 돌아가는 원리를 쫓아서 물질적 가치를 따라 세속의 길을 살아온 지금까지의 방식과 정반대의 길인 것이다. 좀 더 세련되고 좀 더 예리해 지고 좀 더 소유한 것으로는 '수행'이라고 이름 붙일 수 없는 것이다.

'수행'이란 '멈추고' '비움'으로써 참된 자기가 자연스럽게 드러나게 하는데 있다. 불입문자 언어도단 직지인심 견성성불不立文字 言語道斷 直指人心 見性成佛이라는 불교의 가르침이 바로 수행이 무엇인지 어떻게 하는 것인지를 깨닫게 해 준다. 물질이 정교해지면 생각이 되고 생각이 조잡해지면 물질이 된다. 심지어 영혼이란 것도 물질이 정교해진 것에 불과한 것이다. 그러므로 이들은 실체가 없이 단지 인연의 조건에 의하여 '추상'에서 '구체'로 '구체'에서 '추상'으로 변화가 있을 뿐 본질이 변한 것은 하나도 없으며 본질에는 조금도 영향을 미칠 수 없는 것이다. 이 말의 뜻은 '물질의 개념'을 다루는 것은 도道와 마음本性을 깨치는 것 하고는 전혀 상관이 없다는 것이다.

육체미 선수가 몸을 고급스럽게 단련하고 꼴찌 하는 학생이 학업에 매진하여 전체수석을 차지하고 기氣 수련자가 기를 단련하여 소주천, 대주천을 돌리고 신명공부한 사람이 귀신의 움직임을 보고 그들과 소통한다고 해서도나 본성을 깨친 것이 아니라는 사실이다. 그러므로 '본성'이나 '도'라는 것은 배워서 알 수 있는 지식도 아니요 축적해서 이룰 수 있는 기운도 아닌 것이다. 오직 아는 작용과 축적하는 몸짓을 '멈춤'으로써 생사의 카르마에서 벗어나서 중생 놀음을 영원히 쉴 수 있는 것이다.

내가 아는 스님 중에 불광 스님이라고 계신다. 이 스님이 출가하시기 전에 단전호흡 수련을 하여 소·대주천을 하며 기운을 자신이 원하는 대로모으기도 보내기도 한다고 주장하는 친구 한 분이 계셨다. 이 친구는 이스

라엘의 초능력자 '유리겔라'처럼 원격으로 기를 보내서 물질의 변화를 일으
킬 수 있다는 다소 황당한 이야기를 하곤 하였다.

　어느 날 스님은 친구에게 하나의 제안을 하였다고 한다. 서로 팔씨름을
해서 친구가 이기면 친구가 얘기하는 기 철학에 귀 기우리도록 하고 친구
가 지면 다시는 기가 어떻다는 둥 자기 앞에서 이야기를 하지 않는다는 조
건이었다. "그럼 친구는 기를 운용할 줄 아니 한 팔에 온 몸의 기운과 우주
의 기운까지 다 끌어다 모으거라! 난 그런 것 할 줄 모르니 그냥 한 팔에
있는 힘으로 할 것이다. 그런데 친구는 정말 기를 한 팔에 다 모을 수 있겠
는가?" "그야 두말하면 잔소리지! 이래 봬도 기공 수련으로 진동하고 인체
부양에서 소·대 주천을 한지가 십여 년이 훨씬 지났다. 그건 걱정하지 말게
나!" 이리하여 두 사람의 팔씨름이 시작되었고 하나, 둘, 셋! 으랏차!! 소리
가 떨어지기 무섭게 기공을 한다는 친구가 힘없이 지고 말았다.
　"이 친구야! 넌 기를 운용하여 전신에 있는 기를 한 팔에 다 실을 수 있
고 우주의 기운까지 실을 수 있는데, 고작 한 팔의 힘으로 상대하는 나에
게 이렇게 싱겁게 질 수 있나? 다시는 누구 앞에서 기가 어떻다는 이야기
를 하지 말거라!" 기는 인체활동의 원동력인 힘인 것이다. 어디까지나 물질
적인 요소인 것으로 중생놀음에 불과한 것이다. 인체부양을 한다고 호들갑
을 떨어도 사람이 종달새보다 높이 뜰 수 없으며 내공을 자랑하나 달려오
는 고속전철을 막아 세울 수 없는 것이다.

　자연과 사람이 짓는 변화의 이치를 깨닫는 것 그리고 이에 초연하여 어떠
한 변화에도 흔들림 없이 변화의 주체中度로서의 본성을 표현本能해 갈 수

있는 자유로운 공부가 중요한 것이다. 신앙생활을 하거나 도를 닦는 사람들 중에 평범한 일상을 살아가는 사람보다 마음 씀씀이가 못한 경우가 허다함은 그들의 믿음과 수행이라는 것이 도리어 자신의 에고를 강화시키는 수단이 되기 때문이다.

나는 누구인가?

'나'라고 하는 '에고'는 움직임이 없는 침묵 속에서는 존재하지 않는다. 마음이 한 곳에 머물면 생각 또한 멈추게 된다. 사고의 흐름은 끊어져 버리는 것이다. 마음이란 하나의 운동성을 갖고 움직인다. 그 운동이 정지되면 사고 작용도 멈추게 된다. 이러한 속에서는 인연에 의해 만들어진 것들은 아무 의미를 갖지 못하게 된다. 의식의 커튼이 거두어진 상태에서는 개체성은 사라져 버리게 된다.

온갖 생각이 일어나고 사라지는 것을 반복하고 있을 때만이 '나'라는 것이 있는 것처럼 여겨지는 것이다. 그러나 생각을 '멈춤' 침묵상태에서는 의식은 작동하지 않고 오직 관세음觀世音만이 세상사의 움직임을 그대로 비우어 내고 있을 뿐이다.

본질적으로 볼 때 인간 육체나 영혼 같은 개체적인 '나'는 더 이상 존재하지 않는다. 그러므로 개체적인 영혼의 윤회도 존재할 수 없다. 금강경에서 말하는 아상인상중생상수장상我相人相衆生相修者相은 본래부터 존재하지 않는 것이다. 여기서 아상이란 '에고'를 말한다. 경험과 교육이라는 반복훈련을 통해서 축적된 지식, 여러 경로를 통해서 내 마음 한 구석에 모아 놓은 정보 등에 대한 기억으로 이는 과거의 산물이다.

과거 생에서부터 어머니의 모태에 머무는 동안에도 그리고 이 세상에 태어나 현재까지도 '끌어 모음'은 계속되고 있다. 텅 빈 마음의 구석진 곳에는 온갖 것들이 쌓여있으면서 가상의 마음을 만들어 낸 것이다.

이러한 가상속의 마음의 힘이 에고 즉 '나는 존재 한다'라는 착각을 일으키게 하는 것이며 죽어서까지 혼백魂魄이라는 이름으로 남아서 소멸되는 기간까지 '나'란 노릇을 하고 있는 것이다. 그리고 윤회를 일으키는 원인으로써 무한대하고 전체적인 나를 유한한 개체 속에 가둬버리는 어리석음을 범하게 한다.

나의 내면에는 하나의 점도 찍혀있지 않고 '이것이 이것이다'라고 특정 지을 수 있는 것은 하나도 존재하지 않는다. 사람의 속 모습과 겉모습을 몸이라고 한다. 몸이란 '모음 = 모으다'로써 현재를 끌어 모아서 과거화 시켜버린 구조물이다.

인간은 내면의 수많은 생각의 힘들이 동원되어 물질적인 옷을 입혀서 외부로 구체화하는 행동으로 옮겨지는 삶을 살고 있다. 이것이 하나님의 계명을 어긴 원죄原罪이며 업장業障이라고 하는 것의 정체이다.

인생이란 끊임없이 현재를 과거화 하며 과거의 힘에 이끌려 살아가고 있는 것이다. 새로운 사실을 접할 때 잠시 기쁨의 탄성을 지르며 그것에 빠져들지만 머지않아서 현재의 과거화 라는 습관이 발동하여 구태의연함에 식상하고 그래서 그것으로부터 멀어지려고 새로운 것을 찾아 나서게 된다. 이러한 심리기전을 알아차린 소수만이 착각의 굴레에서 벗어나며 대부분의 사람들은 만족을 모르는 탐욕스런 인간으로 고통의 쇠사슬을 벗어나지 못하고 살아가는 것이다. 그래서 사람은 누구나 바람을 피우려는 심리를 가지고 산다. 단지 주변의 시선을 의식하고 조심할 뿐이다. 작은 평수의 아파트에서 넓은 평수의 아파트로 이사 가고 싶어 하는 마음이 바로 바람의 심리이다. 천만 원 모으면 다시 이천 만원을 모르고 싶어지는 것도 그러하다.

사람의 생각은 한 곳에 정착하지 못하고 끝없이 움직여 나아가게 되어있다. 그러나 여전히 안정하지 못하고 불행한 삶을 이어가고 있을 뿐이다. 부처님은 말씀하신다. 아상我相, 인상人相, 중생상衆生相, 수자상修者相은 착각에서 일어나는 허상이라는 것이다.

이를 깨닫기 위해서 우리에게는 수행이 필요한 것이다. 그리고 금강경에서 '응당 머무는 바 없이 생각을 사용 한다' 것은 본래부터 '나'는 없었고 수행을 통해서 확인되게 될 '나'도 없다는 것을 말해주고 있다. 나가 없는데 '나'들의 집합이 어디에 있겠는가? 사상四相 : 我相, 人相, 衆生相, 修者相이라는 모래 탑은 중도라는 진리의 바닷물에 허물어져 바다 속으로 사라져 버리는 것이다. 그러나 현실적으로 우리는 여전히 음과 양이라는 상대적인 분열 속에서 어느 한 편에 서야하고 믿어야 하며 그 믿음을 실천해야 하는 상황 속에 놓여서 갖가지 편 가름에 휘말리고 인연들에 꺼둘리며 고통 속에서 살고 있다.

몸과 정신의 통합으로 S라인 완성

계율戒律이란 몸이 S라인을 유지하는 것이요,
법法이란 정신이 몸의 율동律動과 함께하는 것이요,
불佛이란 그 가운데 스스로 마음이 들어나는 것이다.
그러므로 생명의 율동인 호흡에
정신이 집중되면,
마음은 스스로 웃음 지으며 드러난다.

부처님의 앉아있는 모습은 사람이 앉았을 때 가장 안정된 모습으로 위로는 하늘에 통하고 아래로는 땅에 통하며 가슴으로는 세상과 소통하는 모습이기도 하다. 좌부동위에 앉아서 오른다리를 왼쪽 허벅지 위에 올리고 왼발을 당겨 오른쪽 무릎위에 올리며 엉덩이는 뒤로 빼고 배와 가슴은 바르게 펴며 꼬리뼈에서 머리까지 척추를 곧게 세우고 양발바닥은 위를 향하게 한다. 이 때 턱은 가슴 쪽으로 당기고 시선은 배꼽아래 단전에 이르게 한다. 윗니 아랫니가 맞물리게 하며 혀는 입 천정에 붙인다.

코로 천천히 숨을 들이마시고 동시에 항문을 지그시 조이기 시작한다. 손은 오른손 아래로 왼손을 그 위에 얹어 놓고 양손 엄지손가락을 서로 닿을 듯 말 듯 단전 앞에 놓는다. 이 때 밝은 태양을 끌어 앉는 상상을 한다. 이러한 좌법을 결가부좌라 하는데 초심자나 체형에 따라서는 어려울 수도 있으니 그런 경우에는 왼다리를 오른쪽 허벅지 위에 당겨 올려놓는 반가부자를 할 수도 있다. 이러한 호흡법은 내공을 강화시키고 깨달음으로 인도하여 준다.

세상사의 변화는 찰라아주 짧은 시간속에서 이뤄지고 그것은 한 번 내쉬고 들이마시는 숨 속에 그 변화하는 이치가 그대로 연결되어 있어서 숨쉬기를 관찰하면 인연의 이치를 알 수 있다. 숨쉬기 수련을 통해서 마음이 숨에 집중되면 의식이 호흡을 타고 쉽게 몰입이 되기 때문에 번뇌와 망상인 잡념을 다스려 현실의 고통으로부터 벗어날 수 있게 된다.

초심자는 숨에 1~10까지 숫자를 붙여가면서 하는 것이 잡념을 다스리는 데 유효하고 콧소리를 내는 것이 좋다. 점차 정신이 맑아지게 되면 숨을 가늘게 천천히 그리고 깊게 하도록 하며 소리는 내지 않도록 한다. 이렇게 하면 안팎에서 자신을 괴롭히던 온갖 사념으로부터 자유로워지는 것이다. 누구나 숨쉬기 수련에 열중하면 잡생각을 다스려 마음을 정화시키고 고요한 가운데 맑고 밝은 본심을 드러나게 해서 행복인이 될 수 있다. 부처님은 이 길게 내쉬는 장식長息호흡으로 의식의 각성을 이뤄내서 깨달음을 성취하신 분이시다.

생명이란 살아 움직인다는 것으로 운동성을 말한다. 그 움직임은 호흡으로부터 시작되고 호흡이 정지되는 순간 운동이 정지되면서 죽음을 맞이한다. 호흡은 일종의 율동으로써 몸의 움직임과 정신적인 사고도 율동에 해당한다. 인간의 움직임을 관찰해 보면 몸 따로 생각 따로 움직이는 경향이 많다. 그래서 하는 말이 "생각대로 안 돼!", "몸이 말을 안 들어!"라고 하는 것이다.

인생사가 생각대로 된다면 얼마나 좋겠는가마는 그게 쉬운 일이 아니라는 것은 조금만 세상살이를 해보면 알게 된다. 그래서 몸과 생각이 엇박자를 내다보면 그 가운데서 고통 받는 것은 우리의 마음인 것이다. 생명의 율동인 호흡이 들어오고 나가는 모습은 그대로 S라인이다. 그러나 이 두 S라인이 엇박자를 내면서 꼬이는 바람에 'S'라인이 아닌 '8'자 타령이 되어버린다.

 몸과 정신이 S라인을 회복하게 되면 자연스럽게 마음이 드러나게 되는 것이다. 이것이 전체가 된 '나'의 참 모습이다. 평상시 우리는 몸과 정신이 함께하는 시간이 별로 없었다. 일상의 활동은 번거롭고 이것저것 온갖 생각이 혼재되어 몸과 정신의 에너지가 분산되고, 마음이 자신의 행복한 모습을 들어 낼 기회가 없다. 오직 살아 움직이는 생명활동인 날숨과 들숨에 정신을 집중하는 시간에만 마음은 깊은 잠에서 깨어나 자신의 모습을 스스로 드러내게 되는 것이다. 그러므로 허리를 세우고 등을 펴서 가슴을 연다는 것은 생명의 상징인 호흡의 숨길을 열고, 이에 정신이 함께하여 행복한 마음이 스스로 드러나게 되는 지경까지 나아간다는 뜻을 가지고 있다. 건강이란 수행을 통해서 최종적으로 행복한 마음이 깨어나는 지경까지 나아가지 않으면 절름발이 건강에 불과하며 이는 온전한 건강이라 할 수 없다.

소리를 통한 호흡법

        인도의 성전 중 하나이 베다는 수천 년 전부터 소리 명상법인 만트라에 대한 연구를 집대성한 책이다. 만트라의 '만'은 마음이며 '트라'는 도구라는 뜻이다. 즉, 마음을 다루는 기술인 것이다. 만트라를 사용하면 번뇌를 쉽게 떨쳐내고 마음을 정화시켜 쉽게 내면으로 몰입하게 도와준다. 만트라 수행은 현대인들의 스트레스로 인한 심리적인 왜곡으로 나타나는 정신적, 신경적인 증세를 다스리는데 탁월한 효과가 발생하고 있다. 불

166

안, 초조 등과 같은 정서불안증으로부터 불면증, 대인공포증 등과 사회악으로 발전할 수 있는 악습을 예방하고 교정하는데 까지 그 효과가 증명되고 있다.

수행자에게는 고요하고 청정하며 밝음 가운데에서 대안식열반적정을 얻게해 준다. 만트라의 종류로는 '옴'이 일반 대중에게 많이 알려져 있다. 불교의 진언을 보면 '옴'이 많이 등장하는데 이는 우주의 근원적인 소리를 함축하고 있다. 불교도들이 많이 외우는 육자대명왕 진언인 '옴 마니 반메 훔'은그 대표적인 것이다. 또한 '석가모니불', '관세음보살', '지장보살'같은 불보살의 명호나 신묘장구대다라니 같은 것도 넓은 의미의 만트라에 포함된다.

염불을 통한 호흡법

부처님 호흡법의 특징은 길게 숨을 내쉬는 장식長息호흡에있다. 호흡이란 단어를 보면 '호내쉬는 숨+흡마시는 숨'으로 되어 있다. 즉 '呼'라는 내쉬는 숨이 먼저요, '吸'이라는 들이마시는 숨이 그 뒤를 따르고 있다. 이러한 호흡 속에는 내 어 놓는 것만큼 들어온다는 것과 함께 비운 만큼 채워지고 채우고자 하는 만큼 먼저 비어야 한다는 원리를 말해주고 있다. 이러한 호흡의 원리는 생리적인 신진대사, 심리적 긴장과 이완, 마음의평화와 행복, 깨달음 등에 영향을 미치고 있는 것이며 우리가 사는 사회공동체가 앓고 있는 수만은 난제를 해결하는 근본적인 실마리를 제공하고있다.

내 쉬는 숨은 허공 속으로 번뇌, 망상을 내뿜어 내어 자기라는 개체성을 소멸시키는 과정이요, 들이쉬는 숨은 모든 곳에 편재遍在 즉, 충만을 이루게 한다. 우리 몸은 내쉬는 숨 속에서 긴장감을 풀고 이완하며 정신은 휴식을 취하고 안정에 든다.

참선이나 명상도 번뇌, 망상이라는 온갖 생각을 쉬게 하여 거울처럼 맑고 투명한 마음 본래의 청정하고 밝은 성질을 그대로 들어나게 하는 데 목적이 있다. 마치 오염된 우물 위를 덥고 있는 쓰레기를 거둬내고 바닥에 가락앉아 있는 진흙을 긁어 내고나면 그 밑바닥에서 맑은 물이 쏟아져 나오게 하는 작용과 같은 것이다.

화가 치밀어 오를 때, 한 숨을 쉬거나 소리를 지르는 경우가 있다. 그런가 하면 가슴을 손으로 치면서 "내가 미쳐!", "미치고 환장하겠네!" 하며 긴~ 숨을 내쉬기도 한다. 순간적으로 화가 치밀어 오를 때는 숨을 길게 내쉬어야 건강에 좋다. 화를 참게 되면 생체리듬을 어지럽게 만드는 부작용이 따르는 것이다. 길게 숨을 내쉬는 주안점을 두고 있는 부처님의 호흡법의 특징을 그대로 살려서 실천하는 염불수행은 몸 안의 독소 배출과 신경의 안정, 살아 있음에 대한 행복과 감사의 마음, 영원한 생명에 대한 깨달음에 이르기까지 큰 공력功力이 있는 것은 그동안 수만은 수행자들을 통해서 증험된 사실이다.

자연의 리듬을 읽어버린 현대인은 몸과 마음의 병증이 심하다. 앞만 보고 경쟁하며 달려 나가야 하는 현실은 인간성마저 삭막하게 만들어 버렸다. 염불은 살아 숨 쉬는 자연의 소리이며 잃어버린 자연성을 되찾게 하는 구원의 소리인 것이다.

숨을 길게 내쉬는 위주의 염불수행은 폐 기능을 강화하여 폐활량을 늘게 하며 이는 면역력 증가로 나타난다. 염불수행은 스트레스에 심하게 노출되어 폐와 심장에 쌓여있는 열을 풀어주어 화병을 다스리는데 탁월한 효과가 있다. 폐에 열이 쌓이면 적혈구와 백혈구의 활동을 저하시킴으로 면역기능에 문제가 발생한다. 적혈구는 산소를 각 장기에 운반하고 백혈구는 인체에 침입한 각종 세균들을 퇴치하는 중요한 기능을 수행하고 있다는 것을 현대의학은 강조하고 있다. 잦은 감기몸살 증세는 우리 몸의 면역체계가 그 기능을 제대로 수행하지 못하고 있다는 증거이다. 거친 피부, 아토피, 신경성 피부질환 등은 노폐물과 독소배출이 안되어 피부에 혈액이 공급되지 못하고 숨구멍이 막혀서 기혈순환에 문제가 생긴 경우에 나타난다.

이는 밖으로 들어난 증세들이며 안으로 보이지 않는 장기들에 발생하는 각종 질환 또한 다를 바 아니다. 기가 약해지면 피가 탁해지고 피가 탁해지면 면역기능이 약해져서 각종 질환을 불러온다. 염불수행을 통해 폐활량을 증가시키며 깨끗하고 기운찬 폐를 만들면 각종 병증들을 말끔히 해소시켜주게 된다. 이처럼 내 쉬는 숨을 위주 하는 염불수행 속에 건강과 행복 그리고 깨달음에 대한 많은 정보가 숨어 있다.

맺힌 것을 풀고 복을 부르는 절 운동

많은 스님들은 108배拜로 하루를 시작하는데 일종의 요가라고 할 수 있다. 어쩌면 요가 동작의 종합세트라 해도 과언이 아닐 정도로 몸의 많은 부분을 움직이게 하는 동작이다. 절은 다리를 강화시키고 몸의 내장과 허리를 자극하여 튼튼하게 하며 혈액을 정화시켜서 뇌까지 맑아지게 하는 효과가 있다.

또한 기의 바다를 상징하는 기해 단전에 기가 통하게 하는 비결이 숨어있다. 스트레스로 인한 가슴답답화병 증세와 가슴 두근거림을 해소시켜주기도 한다. 뿐만 아니라 다겁생으로 이어져 내려온 한을 풀어내고 업장을 녹여내며 막힌 운명의 길숨길을 뚫어내는 등 그 다양한 효능을 말로 다 표현할 수 없을 정도이다. 그러므로 마음공부를 하는 수행자나 시험을 준비하는 수험생이나 건강을 챙기는 일반인 모두에게 놀라만한 결과를 만들어내기도 한다. 어느 도인스님께서 108배로 시작하는 수험생은 어느 시험이든지 합격할 수 있다고 할 정도로 효과가 크다.

한 때, 성철 스님을 친견할 때에는 반드시 3천 번의 절을 부처님께 올려야 하는 조건이 붙어 있었다. 이 조건은 지위고하, 빈부귀천을 막론하고 주어진 숙제이었다. 스님을 친견하러 찾아온 고관대작들이 이 3천 배의 장벽에 막혀서 그냥 돌아가는 일들이 생기곤 하였었다.

이 3천 배의 조건을 이해치 못한 사람들은 마치 스님께 3천배를 올려야한다는 것으로 와전시키며 수행자가 교만스럽다고까지 말하기도 하였다. 이 3천 배의 조건 속에는 어리석은 중생에 대한 스님의 깊은 자비심이 깃들어 있다는 것을 알아야 할 것이다. 절에 관한 자연 원리적 이치는 철학적, 종교적 사상이나 수행의 의미가 크며 정신의학, 정체 공학적, 대인처세적인 우수한 지혜가 깃들어 있는 것이다. 절이란 행위 속에 이렇듯 다양한 뜻이 있다.

주역 지산겸地山謙괘의 정신으로 절을 이해해 보면 땅이란 대지요 나아가서는 지구요 우주가 된다. 산이란 그 대지위에 우뚝 솟아있고 많은 것을 쌓아둔 모습이니 정신이나 물질이 보관된 창고이기도 한 것이다. 이러한 창고가 땅 아래에 있는 구조를 보여주고 있다. 평지인 땅처럼 겸손下心함을 가지면 그 가운데 산처럼 크게 쌓이는 공덕이 나타나게 된다는 것이다. 하늘을 상징하는 양효가 땅을 상징하는 내괘 정상에 내려와 있는 것은 인체에서 하늘을 상징하는 머리가 절을 통해서 땅이라는 바닥에 이르게 되는 것은 지산겸괘 형상 그대로인 것이다.

불교에서는 마음의 행복을 위한 조건으로 우주의 본 성품空性처럼 마음을 비우라고 얘기한다. 이 비어있음은 겸허함으로 나타난다. 달도 차면 기운다. 음양의 이치는 기울기 직전에 '비움'의 정신을 실천하면 더 이상 기울 필요가 없어짐으로 달의 꽉 찬 상태를 유지해 갈 수 있는 것이다. 그러므로 자연의 도는 '비운자'에게는 더욱 복을 받게 하고 '차 있는 자'에게는 그 있는 복마저 빼앗아가는 것이다. 세상을 경영하며 자신을 비우고 덜어내는 자는 더욱 많은 소유가 주어지고 비우기를 거부하고 탐욕스럽게 채우기만 하는 자는 물리적인 강제를 당하거나 재앙을 통해서 비우고 덜어내는 상황에 내 몰리게 되는 것이다.

선한 일에 기부하거나 기도, 제사, 수행 등이 타고난 업보나 불길한 운을 다스러서 개운의 길을 열 수 있는 것이다. 지산겸의 정신은 교만한 사람은 산이 무너지는 재앙을 당하고 겸손을 실천하는 사람은 드높은 태산처럼 큰 축적을 이루어 낸다는 것을 말해주고 있다.

이는 귀신과 사람의 관계에서도 그대로 적용되는 이치이다. 인간이나 미물이나 권력이나 재물이나 지식이나 그 어떠한 힘도 뭉치면 반드시 흩어지는 것이 정해진 이치이다. 그래서 혹자는 "흙먼지가 뭉쳐서 별이 되고 그 별 속에 잠시 머물다 결국에는 흙먼지로 흩어져 버리는 것이 인생"이라고 하였다. 살아 있는 동안에 헛된 탐욕을 버리고 때때로 자신의 소유를 비어 내어 이웃에 돌리면서 살아야 행복한 것이라 할 수 있다. 크게 소유한 자 는 자신의 마음을 비우고 소유를 나눌 줄 알아야 한다. 그렇지 않으면 자 연의 원리에 따라서 그 있는 것으로 인하여 고통을 겪게 되는 것이다.

부처란 다 비우고도 행복한 사람

행복과 성공이란

많이 지닌 것에 있는 것이 아니라,

크게 자신을 비어내는데 있다.

그 비움의 혜택이

이웃에게 돌아갈 때,

즐거움은 큰 것이다.

마치 태양이 떠올라 어두운 세상을 밀어내고

밝은 세상을 드러내듯이…….

행복은 자신이 하고자 하는 바를 열심히 할 수 있을 때 느끼는 감정이 다. 그것은 모든 이의 행복에 자신의 하는 일이 조금이나마 기여하고 있다 는 생각을 가질 때 가능한 것이다. 어두운 구석에 빛을 비추고 무기력한 곳에 활력을 불어 넣는 것은 빛의 확대이며, 사회를 역동적으로 만들어 가는 것이기도 하다. 자신이 축적한 재물, 지식을 이웃을 위해서 제공하는 것은 바로 자신을 성공과 행복에 이르게 하는 지름길이다.

사회적인 삶은 함께 하는 것이며 그것은 나누는 것에 있다. 야성이 지배하는 동물의 세상은 강자가 약자를 착취하며 군림하는 것이나 인간 사회에서는 강자가 약자를 도와서 함께 살아가는 정신을 추구한다는 것이 다르다.

자유시장원리에 따라 상호경쟁하며 발전을 추구하는 사회에서는 사회적인 통합을 위해서 분배를 잘 실천하여야 한다. 이것이 민주주의라는 평등의 원리와 기회균등의 정신에 합당한 처사인 것이다. 이것은 본질과 현상을 조화통일 시키는 철학과 종교의 이상을 실천하는 것이기도 하다. 그렇지 않으면 많이 가진 자와 덜 가진 자간의 갈등, 대립이 사회통합의 장애가 되게 된다. 행복지수가 높은 사회가 되려면 빛이 어둠을 몰아내어 밝은 세상을 만들 듯이 가진 자들의 나눔의 실천이 중요한 관건이 되는 것이다.

당신의 가진 것을 이웃을 위해서 내어놓을 수 있는 마음과 행동이 있다면 당신은 성공한 사람이며 행복을 누릴 자격이 있는 사람이다. 그러나 나눔의 필요성을 모르며 나눌 줄도 모르는 삶을 산다면 비록 당신의 소유가 태산같이 쌓여있고 하늘을 나는 재주를 터득했더라도 불행한 것이며 성공한 사람이라 할 수 없을 것이다.

관세음보살이란, 이웃의 하소연을 귀를 활짝 열고 들으며 이에 해결책을 내어 놓는 사람을 말한다. 당장에 피부에 와 닿는 답이 아니라도 최소한 하소연하는 그들의 고충을 가슴에 담아내는데 주저하지 않는 사람이다. 수행자가 깨달음의 길을 가는 것과 우리가 사는 이 세상이 정의와 사랑과 나눔이 실행되는 길은 같은 길이다. 그러므로 각자 깨달음만큼 세상은 보이고 정의와 사랑과 나눔이 실현된다.

비움의 길

사랑은 본질적으로 이것저것 끌어 모으는 습관이 없다. 그러므로 기도나 수행을 통해서 얻어지는 것이 무슨 대단한 것을 얻는 것으로 착각해서는 안 될 것이다. 새로운 것을 얻는 것이 아니라 지금껏 자신을 이루고 있는 것을 하나하나 비우고 덜어내는 해체의 길인 것이다. 이것이 중요한 사실은 세상이 행복해 질 수 있는 가능성이 무소유에 있기 때문이다. 종교의 본질은 사랑이다. 인간은 누군가를 사랑하고 있고 사랑할 수 있는 희망이 있기 때문에 살아 있는 이유와 힘을 갖게 된다. 그리고 그것은 자신의 모든 소유를 아낌없이 이웃을 위해서 쏟아 낼 수 있게 만든다. 기도나 수행을 통한 깨달음의 성취는 바로 이러한 사실을 깨닫는데 있다. 그러므로 자신이 끌어 모은 것을 이웃에 나누는 것을 귀찮게 여기는 사람은 마음 가운데 사랑이 깃들어 있지 않다. 그래서 사랑을 실천하는 종교적인 인간이나 정의를 실천하는 성숙한 인간은 무소유의 정신을 실천하며 자기의 소유물을 사회 환원하는 것에 주저하지 않는다.

윤동주의 서시에 "별을 노래하는 마음으로 모든 죽어가는 것을 사랑해야지 그리고 나한테 주어진 길을 걸어가야겠다."라고 유한한 인연에 대한 연민을 사랑의 마음으로 노래하고 있다.

174

과연 이 세상에 그 무엇이 영원한 것이 있을까? 영원한 것이란 곧 부족함이 없는 것으로 그 무엇도 필요로 하지 않는 것이다. 그러나 이 세상의 모든 것은 변화하는 것으로, 머물러 있는 시간이 한정되어 있고 그것은 서로 간에 아파하며 챙겨야하는 산자들의 몫으로 주어지게 된다.

이 때 이 아픔으로부터 도망치지 않고 기꺼이 받아들이는 태도가 바로 사랑이며 정의가 된다. 이는 개인으로부터 가정과 사회, 그리고 세계가 행복해 질 수 있는 길이기도 하다.

제**5**장

불향 佛香

향기로운 삶

자연은 살아있다!

"살아있는 모든 것은 숨호흡을 쉬고,

모양동작이 있고 깨어의식있다.

그러나 어리석은 인간은

숨과 움직임과 의식이 이 순간에 머물지 못한다.

참선체조는

숨과 모양과 의식이 하나 되어

이 순간 속에 자기를 깨어있게 한다."

열려라!

"세상이 비뚤어져 보일 때,

허리를 세워라!

세상이 굽어져 보일 때,

등을 펴라!

삶이 비틀거릴 때,

어깨를 펴라!

삶이 막혀 있을 때,

고개를 들라!

그리하면 가슴이 열려 행운이 찾아든다."

이뭐꼬!

"체조는
몸의 때를 씻겨 강건하게 하고,
호흡은
살아 있는 율동이며,
참선은
생명의 율동과 하나 되는 것이다."

내버려 두라!

"닭은 닭소리를 내며,
새는 새소리를 내며,
바람은 바람소리를 내며,
물은 물소리를 내도록 내버려 두라!
살아 있는 모든 것을 있는 그대로 바라보라!
그러므로 상대가 당신과 같은 소리를 내야 한다고
고집하지 말라!"

쉬게 하라!

"번뇌, 망상 없애라는 것은
뇌를 쉬라는 것,
많은 말 하지 말라는 것은
마음을 쉬라는 것,
많이 먹지 말라는 것은
몸을 쉬라는 것,
많이 돌아다니지 말라는 것은
깨어있으라는 것이다."

그러려니!

"몸의 밭에
생각의 씨가 뿌려지고,
마음의 꽃이 피어나 떨어지니
지혜의 열매가 맺혀 있구나!"

아제아제 바라아제!

"버리면 비고,

비면 차고,

차면 넘치고,

넘치면 빛나고,

빛나면 행복하다."

행복을 위하여!

"몸은

똥을 버려 맑아지고,

정신은

잡념을 버려 밝아지고,

마음은

욕망을 버려 행복하여 진다."

자유를 위하여!

"시작은 끝을 향해 달려가고,
끝은 다시 새로운 시작이다.
그러나 움직임이 없는 도리를 알면
세상사가 한낱 신기루일 뿐이다.
그러므로
호흡에 정신을 집중하고
일체가 마음 마당 위에서 일어나고
살아지는 지경을 알아차리라!"

불교佛敎

불법만나기 어렵다.

그러나 만나서 행하기는 더욱 어렵다.

일체의 악행을 하지 말고,

일체의 선행을 실천하는 것이 불교의 가르침이다.

그러나 이를 실천하기는

여든 살 먹은 노인도 어려운 것이다.

생활 속에서

수행이 맥을 잃지 않는 방법은

한 가지라도 악행을 멀리하고,

한 가지라도 선행을 실천함에 있다.

거울

마음이라는 거울에

무엇을 비추느냐에 따라

나타나는 것이 운명이다.

긍정의 씨를 뿌리면 행복의 열매를,

부정의 씨를 뿌리면 불행의 열매를 따는 것이다.

그러므로 현실적으로 일어나는

개인의 일이나 국가사회의 현상이

마음의 반영인 것이다.

도리

이웃을 자기 몸처럼 돌보며
사회현실에 적극 참여하는 것이
사람으로 태어난 바른 도리이다.
사회현실에 무관심 하는 것은
인간으로서 바람직한 삶의 모습이 아니다.

헌신

보살이란

자기의 소유물은 물론

신념과 믿음, 천국과 극락까지도

세상의 평화와 행복을 위해 버릴 수 있는 사람이다.

행복이란

삶과 죽음을 논하는 교리나 철학을 벗어나고

좌와 우의 경계에서 벗어난 자의 것이다.

이것이 바로 무소유한 공의 정신이요 중도의 실천이다.

풍경

바람 따라 풍경소리 일어나고
바람이 흩어지면 풍경소리 잠잠하듯이
우리네 인생사도
인연이라는 바람 따라 일어났다
사라지는 것에 불과하다.
번거롭고 힘겨운 삶의 짐들을
잠시 내려놓고 볼을 스치고 지나는 시원한
바람을 음미하여 보자.

다불茶佛

한 티끌 속에 우주가 깃들어 있듯이

동자승이 들고 있는 한 잔의 찻잔 또한 그러하다.

마치 부처님이 한 송이 연꽃을 들어 보이시던

소식과도 같은 것이다.

일상의 잡스러운 고민거리를

잠시 내려놓고

우리의 마음이

이렇게 위대한 부처님이라는 것을

한 잔의 차로 음미하여 보자.

법고

잠든 마음을 깨우는 법고소리!

안도 밖도 사라진 허공에서 울려 퍼지는 그 소리

대자대비하신 부처님이 부르는 소리

둥~둥~둥 소리를 따라가노라면 그 소리의

근원이 부처님의 심정 속으로 빨려 들어간다.

그곳에서 우리는 일상의 상처 입은 마음을 위로받고

평화와 기쁨을 얻는다.

탑塔

생명은 빛으로 창조되고

자연현상도 빛으로 존재하며

그 빛은 돌고 돌아 나아간다.

눈으로 볼 때는 그냥 빛으로 내리쬐는 것

같아도

실상은 돌고 돌아가는 이치를 따른다.

흐르는 물은 어떠한가?

그냥 물이 흘러가는 것 같아도

물방울들이 돌고 돌아가면서 하나의 물줄기를 형성하고

흘러가는 것이다.

세상은 돌고 돌아간다.

나도 돌고 너도 돌아간다.

삶도 돌고 죽음도 돈다.

돌아라,

돌아가라

그곳에 새로운 길이 있다.

법성게를 독송하며 법당을 도는 것은

망자를 본래 왔던 자리로 돌려드리는 의식인 것이다.

삶의 진행이 막히는 죽음의 길목에서

새로운 세상으로 유턴이 일어난다.

흐르는 물이 막히면

새로운 물길을 내며 흐르듯이,

인생도 가던 길이 막히면,

새로운 길을 찾아 나아가야 한다.

마음이 막혀 답답하고 사고가 막히면

동네 한 바퀴 도는 것도 좋으리라

새로운 길로 연결되는 것을 발견하게 될 것이다.

목어木魚

잠든 시간에도

눈을 뜬다는 목어를 쳐다보면

달마대사가 잠을 쫓기 위해서

눈두덩을 칼로 떼어내서

마당에 던졌더니

그 자리에서 차나무가 솟아났다는

이야기가 생각난다.

그래서 달마도를 보면 정말로 눈두덩이 없다.

수행자는 항상 깨어 있어야 한다는 가르침이다.

불상 佛像

발길이 이르는 곳마다

부처님 안 계신 곳이 없으니

그 하는 일을

부처님께 불공을 올리는 정성심으로 대하라.

학생은 공부에

선생은 지도에

경영자는 경영에

직원은 맡은 바 일에

주부는 가사 일에 전념하는 것이

바로 생활 속의 불공인 것이다.

좌부동 座不動

바람소리 들려오면 귀 기울여 보고,

빗소리 들려오면 젖어보라!

큰 가르침은 문이 없는 것이니,

큰 가르침을 구하면서

들어가는 문을 묻는 것은 잘못된 견해이다.

우리는 단 한 번도

마음을 떠나서 살아본 적이 없다.

단지, 시시비비를 따지며 어느 일방을 선택하며

살아나온 인식과 대응에 문제가 있었을 뿐이다.

대상에 몰입하면,

서로 하나라는 것을 느낄 수 있다.

하나인데 어디에 드나드는 문이 있을 손가?

그러므로 대도는 무문이요,

도인은 무소유한 것이며,

수행자는 뚜벅뚜벅

비움의 길을 걷는다.

십의 일조 헌신

자연의 이치는

하나에서 움직여 열까지 펼쳐졌다가

다시 하나로 돌아간다.

그러므로 살아 있는 모든 생명체는

그것이 하나의 미물일 지라도

하나하나가 '십일조'의 개념이다.

자신의 마음을 온전히 부처님께 회향비우는 것

하는 것이 바로 십일조를 헌금하는 생활이며

보시헌금를 실천하는 것이다.

부처님신께 드리는 차 한 잔이라도

자신의 모든 마음이 깃들어 있다면

이것이 진정

십일조 헌신제물인 것이다.

인연因緣

길을 가다

옷깃만 스쳐도

전생에 5백번 인연이라 했던가!

말 못하는 미물일 지라도

잠시 스치고 지나는 순간이 있다면

소홀히 지나칠 수 없는 것은

지중한 인연의 이치가 있기 때문이다.

어느 세상에는

부모가 될 수도

자식이 될 수도

사랑하는 연인이 될 수도

있는 것이

인연이다.

비어 깨끗한 마음이 부처

태풍이 모든 것을 쓸고 지나가도
태풍의 중심점은 비어 있고,
범종소리 천리까지 울려 퍼져도
그 속은 비어있다.
생사의 파도가 요동쳐도
그 중심은 고요하고 한가로워
오고가는 인생사에 상관을 하지 않는다.

우주의 중심과 인간 마음의 중심점은
한 꼭지에 해당하니 고개를 들어 비추어보면
사람의 중심이 천지와 하나로 통해 있고
천지와 내가 몸과 마음이 하나인 것을 알 수 있다.

어제의 내가 오늘의 나이며 또한 내일의 내가 되듯이
시간과 공간이 하나로 영원을 꿰뚫어 있다.
대인과 범부가 따로 없고 천국과 지옥이 따로 없으며
삶과 죽음 또한 나눌 것이 없다.

 # 운명

운명이란

돌고 도는 순환의 패턴으로 만들어진다.

자연은 춘하추동하고

하루는 아침, 낮, 저녁, 밤하고

인생은 생로병사하며 순환한다.

해와 달도 돌아가며

극소무한대한 원자의 살림살이나

극대무한대한 천체의 살림살이도 돌아간다.

이 모든 현상의 저변에는 순환의 패턴이 자리하고,

우리 앞에 보이는 모든 움직임은

허공이라는 무대 안에서

일어났다 사라지는 뜬 구름에 불과한 것이다.

버리고

또 버린 자만이

운명윤회의 사슬에서 벗어나서

영원한 자유인이 된다.

당신은 누구의 門인가요?

세상에 널려있는

모든 것이 문이다.

부처님이 드신 한 송이 연꽃,

용담선사가 내민 한 자루 촛불,

덕산선사가 휘두른 방망이

임제선사의 고함소리,

구지선사의 손가락 하나는

개체성을 소멸시키고

전체적이 되게 하는

방편으로 사용한 것이다.

지금 당신 옆에 있는

부모, 남편, 아내, 자식, 애인,

꽃, 별, 구름, 바람, 물 등이

당신을 행복으로 인도하는 문이다.

심지어 견딜 수 없는 고통까지도……

허공 虛空

잠시 망상 일으켜,

몸으로 나타나니 이생이요.

홀연히 사라지니 저승이로다.

어찌하여 영겁의 세월동안

오고가는 고생을 반복만 한 채,

고통의 쇠사슬을 벗어나지 못하였던가?

하나의 티끌 속에

삼천대천세계의 소식이 있으니,

오직 마음을 허공처럼 비운자만이,

한 점의 티끌속에 들어있는

허공일구래 虛空一句來의 소식을 깨닫는다.

탄현呑玄

수행자가 염불 한 구절에

마음이 멈추게 되면

더 이상 온갖 생각들에 간섭을 받지 않게 된다.

대상을 좇아 마음이 이리저리 움직일 때에

생각이란 존재하는 것이다.

마음이 염불 한 구절에 집중되는 순간,

모든 잡다한 생각은 사라져 버린다.

한 구절 속에 마음이 몰입되면

우주 또한 한 구절 속에 빨려 들어오게 된다.

나와 우주가

한 구절 속으로 통하게 되는 이치이다.

마음이 텅 빈 허공이 되어

일체가 빨려 들어와 사라지니

허공일구래虛空一句來의 진실이 이것이다.

지장地藏보살

무엇을 땅에 감추고地藏,

무엇을 가슴에 품었다含藏는 말인가?

천지우주를

마음이라는 자궁 속에

품은 대인이야 말로

모성母性 그 자체인 것이니,

천하 중생을 품고 길러내

밝은이들이 되게

제도할 수 있는 성스런 어머니인 것이다.

외로움

외로운 마음은

내면 깊숙이 빛나는 영혼이

당신을 가까이 오라고 손짓하는 신호이다.

지장보살, 관세음보살 등

불보살님의 명호나 진언 등을 외우면서

외로운 심연 속으로 깊이 들어가 보라!

그 외로움을 느끼게 하는 어두움은 하나의 빛이다.

그 빛이 너무 강렬해서

당신이 그것을 보지 못하여

어둡다, 외롭다고 착각하는데 오는 감정이었다.

외롭고 어두운 커튼을 열면

한 없이 열려있는 행복의 정원이 나온다.

잊지 말자!

관세음보살이나 지장보살은

당신의 마음이 빛을 만나게 하는 암호라는 사실을!

나는 멍텅구리

나는

한 평생을 이것저것

보고 또 보며, 듣고 또 들으며

숨 쉬고 또 쉬며, 먹고 또 먹으며

말하고 또 말하며, 느끼고 또 느끼며

생각하고 또 생각하며 살아 나왔다.

그러나 어느덧

내 몸과 정신은 늙고 병들어

세상과의 소통을 거둬들이며

작별을 준비하고 있다.

머지않아 나는

눈귀코입몸생각을 거둬드리고

이 세상을 떠나게 된다.

그러나 그 돌아가는 곳이

어디인지 알 수가 없다.

당초 온 곳을 몰랐으니 갈 곳 또한 알 길이 없다.

난 진정 멍텅구리!

도_道

전지전능이며 무소부재하다.

작게는 먼지 하나에서

크게는 우주전체에 이르기까지

존재하지 않는 곳이 없다.

유마경에 이르길

"수미산이 갓씨 속에 들어있다"

의상대상의 법성게에

"하나의 티끌 속에 우주가 들어있다" 등의 표현이

바로 그것이다.

도_道란

크기나 길이에 상관없으며,

그것이 당신이라는 실제 모습이기도 하다.

비운자의 즐거움

마음을 채운 자는

그 무게에 한 쪽으로 내려가고

마음을 비운 자는

그 무게에 한 쪽으로 올라가게 되는 것이다.

마음을 비워서 위로 오르는 자는

항상 푸른 하늘을 가슴에 담고 사는 것이니

행복한 웃음을 짓고 살아간다.

그러나 탐욕에 치우친 무거운 마음은

항상 거칠고 무거운 땅을 가슴에 담고 사니

힘겹게 살아간다.

울림떨림

울림이 없는 산은 산이 아니며,

울림이 없는 악기는 악기로서 쓸모가 없다.

목탁을 두드리고 종을 두드리고 법고와 목어나 운판을

두드리는 것은 바로 마음을 두드리는 것이다.

그것은 지혜의 문을 열기 위해서인 것이다.

새해 첫날 보신각종을 두드리며

새해가 열렸음을 만 천하에 알리듯이

항상 우리네 가슴은

울림으로 가득 중만하게 해야 한다.

울림이 없는 인생은

이미 죽은 인생이나 다름없다.

빈손

바람은

대나무 숲을 지나도 머무는 바 없고,

허공에 나는 새는

자취를 남기지 않는다.

인생도

세상에 빈손으로 와서

수많은 사람들과 만나고

헤어짐을 되풀이 하지만

그 마지막에는 빈손으로

이 세상을 떠나간다.

알고 보면 인생도

하나의 바람과 새에 지나지 않는다.

색안경

세상만사를

공의 눈으로 바라보면

극락, 지옥, 윤회하며 오고간다는 것은

한 낱 허망한 이야기며,

물질의 눈으로 바라보면

극락, 지옥, 윤회, 오고간다는 것은

엄연한 사실이 된다.

그러므로 수행으로

마음을 갈고 닦아 해탈에 이르면

극락과 지옥, 윤회에 걸림이 없는

자유인이 된다.

마음의 등불

용담스님이 덕산 스님에게
어둠길을 밝히며 가라고 촛불을 건네니,
덕산 스님이 받아 지녔다.
순간!
용담스님은 촛불을 꺼버렸다.
촛불에 의지하여 어둠을 밝히며 가려던
덕산 스님은 앞이 캄캄할 수밖에 없었다.
순간!
자신의 마음속에서 밝은 등불이 켜졌다.
인간은 수많은 대상에 의지하며
한 세상을 살아간다.
어느 한순간!
자신이 의지하는 대상을 놓아버릴 때,
자신의 본성이 빛을 발하게 된다.
그리하여 아무것도 의지하지 않고
살아 있는 자유로운 사람이 된다.

불향

배고프면 먹고 졸리면 자라!

수행을 통해

온갖 망상과 생각들을 효과적으로 다스리려면

한 가지 일에 집중하는 습관이 중요하다.

매 시간 자신에게 주어진 일에

집중하는 훈련이 필요하다.

생활 속의 이러한 훈련이 수행에까지 이어져야

효과적인 수행이 된다.

생활이 헝클어져 있으면서

수행을 성공적으로 할 수는 없다.

생활이 바로 수행이요 수행이 바로 생활인 것이다.

이 원칙을 지키지 않으면

한 평생 수행이나 신불에게 기도해도

결과가 없다.

기도

목숨을 조여 오는
모진 운명 앞에
길게 억누름을 토해 내고,
절망의 장벽을 육탄으로 치고 나가는
몸부림이 기도이다.

그 몸부림의 끝에 가서
신이나 부처님의 보살핌은
빛이 보이지 않는 절망 속에서
한줄기 희망의 빛으로 당신을 인도한다.

생명의 동아줄

한 가지 대상에 마음을 집중하는 것

이 때 습기에 따른 혼침잠과

열기에 따른 생각망상이

수행자를 괴롭히게 된다.

잠시만 방심하면

잠에 떨어지거나

잡념에 꺼둘려 다니게 된다.

생각은 불길같이 위로 오르고,

잠은 깊은 바다 속에 휘말려 들어가듯 빠져든다.

수행의 방편을 꼭 잡아야 생번뇌과 사졸음의

긴— 강을 건널 수 있다.

염불하며 놀자!

염불하면,

즐겁고 기쁘고 만족스러운

행복한 미소를 지을 수 있다.

아기는 배고프면 울고,

배부르면 천진스럽게 놀며,

태평스럽게 잠을 잔다.

삶이 힘들면 기도하고,

삶이 즐거우면 염불하자.

매일 매일 부처님처럼 살지는 못해도

위로받고 싶을 때는

신명나게 콧노래 부르며

염불노래 불러보자.

종말終末

"내일 지구에 종말이 올지라도

한 그루의 사과나무를 심겠다." 스피노자의 말처럼

내일일은 내일고민하고

오늘 일은 오늘 하라!

당신의 마음 밭에

사랑, 평화, 행복, 자유, 영원,

웃음 등의 씨를 뿌린다면

그 열매또한

당신이 추수하게 된다.

현재에 충실한 당신에게

내일의 종말이란 전혀 상관이 없다.

그러나 현재를 잃어버린 사람에겐

종말이 올 것이다.

그는 이미 종말을 당하고 있는 것이다.

소망

복이란

나눌수록 더 큰 복을 불러오고

불행이란 나눌수록 아픔을 덜어주는 것이다.

마음을 비우고 나눔을 실천하여

자신이 모든 것을 독점하려는

마음들을 내려놓을 때

이 세상은 평화가 찾아오는 것이다.

우리네 삶의 현장이 비록 투전장 같은

진흙 밭이라도

마음만은 활짝 열고

푸른 하늘을 가슴에 품은

한 송이 연꽃같이 해맑은 사람들이길

소망해 본다.

원하는 대로

마음을

비우고 또 비우면

그 비워진 생각이 보다 큰 세상에 합류하여

자신과 세상을

보다 행복하게 만들어 내게 된다.

부자가 되려면

이웃을 위해서 가진 것을 나누고

권력을 쥐려면

백성을 위해서 권력을 사용하라,

대학자가 되려면

자신이 소유한 지식을

아낌없이 대중에게 내어주고

부처가 되려면

자신의 일생을 모든 사람들의 행복을 위해서 바쳐라!

그러므로 성인의 발자취를 따르는 자는

옷 한 벌과

방석 한 개에 만족감을 느껴야 한다.

연꽃기도

하늘을 향해 마음을 열고 공손히 합장하며

서 있는 모습은 흡사 천년을 산다는 학의 자태도

빛을 잃게 하는 당신!

더러운 수렁에 뿌리를 내리고서도

오염되지 않고 청정한 뜻을 펼치어

하늘을 온 가슴으로 품고 있는 당신!

세상으로부터 수도 없이 도망치고 싶어

줄달음치나 가도 가도 끝이 보이지 않아

돌아 설 수밖에 없는 나에게 진흙 밭 같이 더럽고

고통스런 지금의 자리가 바로 나의 꽃을 피울 수

있는 곳이라고 깨닫게 해주신 당신!

어느 때이든 당신을 바라보는 마음만으로도

미소를 얼굴 가득히 머금을 수 있어

행복을 알게 한 당신!

제6장

佛說 三世 因果經

불설 삼세 인과경

불설 삼세 인과경

　　　　　부처님께서 영산회상에 계실 때의 일이다. 부처님의 제자 1,250명이 한 자리에 모였을 때에 상수 제자인 아난존자가 합장공경하고 물었다.

"세존이시여" 세상 사람들이 선근이 희박하고 악업이 두터워서 부처님께서 일러주신 법과 도를 잘 지키지 아니하며 보佛法僧에 귀의할 줄 모르며, 계정혜戒定慧 삼학三學을 귀중하게 여기지 아니하는 까닭으로, 세상에 태어나서 인간으로서의 행할 바를 모르며, 따라서 집안은 가난하고 비천하며, 혹은 귀가 먹고 혹은 벙어리가 되어 안이비설신의眼耳鼻舌身意의 육근六根이 고르지 못합니다. 그러므로 세상에는 빈부귀천의 차별이 생겨나서 근심과 고통으로 한 평생을 마치는 사람들로 가득하옵니다. 세존이시여, 바라옵건대 삼세인과三世因果를 통달하신 부처님께서 저희들과 더불어 모든 사람들이 잘 알아듣고, 그리하여 마음과 몸으로써 바른 도를 행할 수 있도록 자비하신 마음으로 삼세인과에 대하여 자세히 일러 주시기를 바라옵니다."

　　부처님께서 말씀하시되," 너희들은 지금 청정한 마음으로 잘 살펴 듣기를 바라노라. 내가 너희들과 중생들을 위하여 자세히 설명하여 일러주리라." 이때에 부처님께서는 세인과三世因果를 말씀하시니, 착한 일과 악한 일의 원인과 결과의 관계를 소상히 알아들을 수 있었다.

"먼저 부모를 공경하고, 다음에 부처님께 예배하면 반드시 삼보천용三寶天

龍이 항상 보호하여 주며, 따라서 인간으로서 떳떳하게 살아갈 수 있을 뿐만 아니라, 수명이 길어지며 대대로 만복을 얻어서 부귀를 누리되, 이 가르침을 어기면 도리어 죽어서 대대로 지옥에 들어감을 면하지 못하리라.

윗사람을 공경하고 착한 사람을 앞에 모시되, 질투하지 말며 또 시기하거나 조소하지 말지니라. 또 살생을 금하고 생放生하며 고통 받는 모든 중생을 가엾이 여기며 또 공양供養과 보시布施에 힘쓰면, 그것이 바로 행복의 씨앗이 되느니라.

인간의 행복이나 부귀영화 등 존귀함은, 다 전생前生에 닦은바 인연이 바탕이 되어 얻어지는 법, 따라서 하나의 사람 몸으로 태어나서, 손과 눈이 같으며 또 같은 태양과 달 아래서 같은 공기를 마시며 살았으되, 착한사람과 악한사람 또 잘사는 사람과 못사는 사람으로 나뉘어져서 그 삶이 각양각색이니, 그 까닭은 자작자수自作自受 : 스스로 지어 스스로 받는 것요, 인과응보因果應報 인지라, 곧 스스로 지어 스스로 받기 때문이니라. 그러므로 이 삼세인과 법문三世因果 法門을 들려주는 연유는 삼세의 인과가 다시없는 소중한 까닭이니, 이를 받들어 지니는 이는 세세생생에 온갖 복록을 누릴 것인즉, 이를 지성껏 염송하되 가벼이 여기지 말라.”

부처님께서는 삼세인과에 대하여 자세히 예를 들어 말씀하셨다.

『금생에 태어나 사람으로서의 존귀함을 알고 이를 지켜 타인으로부터 칭송을 받으며 존경을 받는 사람은 무슨 까닭인가? 전생에 부처님의 말씀과 그 법을 지키고 이를 끊임없이 남을 위해 가르쳐준 공덕이니라.』
『금생에 남의 스승이 되어 남을 가르치는 사람은 무슨 까닭인가? 전생에 부처님의 경전을 설할 때 청정한 마음으로 듣고 새겨 행한 까닭이니라.』

『금생에 말 타고 가마에 앉아 편안하게 다니는 사람은 무슨 까닭인가? 전생에 다리 놓고 길 닦은 공덕이니라.』

『금생에 능라, 금수, 비단옷을 입는 사람은 어떤 까닭인가? 전생에 스님들께 옷 보시 많이 한 공덕이니라.』

『금생에 먹고 입는 것이 넉넉지 못한 사람은 무슨 연고인가? 전생에 돈 한 푼 남에게 베풀지 않은 탓이니라.』

『금생에 지혜가 높아 동량지재棟樑之材의 구실을 하는 사람은 무슨 까닭인가? 전생에 부처님의 말씀을 받들어 솔선하여 행하였기 때문이니라.』

『금생에 총명하여 재주가 좋은 사람은 무슨 까닭인가? 전생에 경전을 널리 보급하여 스님이나 공부하는 이에게 도움을 준 인연이니라.』

『금생에 총명하고 슬기 있는 사람은 무슨 연고인가? 전생에 재 지내고 염불 열심히 한 공덕이니라.』

『금생에 높은 자리에 올라 사람들을 통솔하는 이는 무슨 까닭인가? 전생에 불상을 조성하였거나 불쌍하고 가엾은 사람을 구제했기 때문이니라.』

『금생에 건강하고 안락하게 잘 사는 사람은 무슨 까닭인가? 전생에 좋은 약을, 공부하는 사람이나 스님에게 기꺼이 희사하고 또 병든 사람을 보살피고 약을 준 공덕이니라.』

『금생에 부부 화목하고 귀자다복한 사람은 무슨 까닭인가? 전생에 정법을 숭상하고 많은 선근善根의 인연을 맺은 닭이니라.』

『금생에 음성이 고와서 사람들을 즐겁게 해주는 사람은 무슨 까닭인가? 전생에 구리와 쇠를 희사하여 범종불사梵鐘佛事를 잘 하였기 때문이니라.』

『금생에 많은 사람의 공경을 받는 사람은 무슨 까닭인가? 전생에 빈부귀

천을 가리지 않고 사람의 가치가 존귀함을 스스로 깨달아 이를 남들에
게 가르친 연고이니라.』

『금생에 눈빛이 맑고 얼굴이 밝은 사람은 무슨 까닭인가? 전생에 부처님
앞에서 등불을 밝혀 고운 마음씨를 가졌기 때문이니라.』

『금생에 용모가 뚜렷하여 단정하고 우아하게 잘난 사람은 무슨까닭인가?
전생에 냄새 좋은 향이나 아름다운 꽃을 불전에 헌공한 공덕이니라.』

『금생에 즐거움을 잊지 않고 살아가는 사람은 무슨 까닭인가? 전생에 꽃
을 잘 가꾸고 자연을 사랑한 탓이니라.』

『금생에 부모를 모시고 화목하게 잘 사는 사람은 무슨 까닭인가? 전생에
여러 사람과 더불어 한 자리에 모여서 도를 닦고 불경을 청정한 마음으
로 읽은 사람이니라.』

『금생에 근심 걱정 없이 살아가는 사람은 무슨 까닭인가? 전생에 스승을
잘 모시고 부처님의 말씀을 따랐기 때문이니라.』

『금생에 부부간에 화목하고 금실이 좋은 사람은 무슨 까닭인가? 전생에
약속을 잘 지키고 신의를 존중한 탓이니라.』

『금생에 부부가 백년해로 하는 사람은 무슨 까닭인가? 전생에 부처님께
당번높은 회대 등에 여러 가지 아름다운 실과 천으로 장엄하게 늘어뜨리고 끝은 여의주로
장식된 법을 표시한 깃발공양드린 공덕이니라.』

『금생에 부모가 다 살아계시며 부모에게 사랑받고 함께 사는 사람은 무
슨 연고인가? 전생에 혼자된 사람을 잘 돌봐 주고 공경한 공덕이니라.』

『금생에 부모가 없는 사람은 어떤 까닭인가? 전생에 많은 새를 때려잡은
과보이니라.』

『금생에 아름답고 잘난 배필을 만나 행복을 누리며 잘 살아가는 사람은

무슨 까닭인가? 전생에 부처님의 경전을 많이 인간印刊해서 널리 법보시
法布施 공덕功德을 베푼 인연이며, 또 불문 귀의하도록 많이 연결지은 공덕
이니라.』

『금생에 의식이 유족하여 부귀와 영화를 누리는 사람은 무슨 까닭인가?
전생에 재물을 탐내어 인색하지 않고 가난한 사람을 위해 서슴없이 보시
布施 희사喜捨하였기 때문이니라. 또 절 짓고 암자세운 공덕이니라.』

『금생에 남에게 시기를 당하거나 부당하게 천대받는 사람은 무슨 까닭인
가? 전생에 부처님 앞에 절하면서 의심을 품는 탓이니라.』

『금생에 비천하여 사람답게 살지 못하는 사람은 무슨 까닭인가? 전생에
남을 학대하고 남에게 도움이 되는 일을 아니하였으며, 또 비록 재물이
없어 보시공덕을 못 지을 적에 남에게라도 선행을 권유하는 일을 꺼린
연고이니라.』

『금생에 종노릇을 하는 사람은 어떤 연고인가? 전생에 은혜를 갚지 않고
의리를 지키지 않은 탓이니라.』

『금생에 고실광대 높은 집에 사는 사람은 무슨 까닭인가? 전생에 높은
산에 있는 암자나 절에 쌀 시주 많이한 공덕이니라.』

『금생에 남에게 부림을 받아가며 궂은 일로 평생토록 살아가는이는 무슨
까닭인가? 전생에 수하의 사람이나 짐승을 함부로 학대하고 괴롭힌 과보
이니라.』

『금생에 몸이 쇠약해서 병이 많아 신음하는 이는 무슨 까닭인가? 전생에
악취를 남에게 뿌리며 불전을 더럽힌 탓이니라.』

『금생에 수명이 길고 그 이름 떨쳐 태산같이 높은 사람은 무슨까닭인가?
전생에 많은 생명을 보호하고 방생공덕을 베푼 때문이니라.』

『금생에 의식주가 풍족하여 여러 가솔이 단란하게 사는 사람은 무슨 까닭인가? 전생에 부처님 계신 불전佛殿을 청정히 하였기 때문이며, 또 전생에 가난한 사람에게 차와 밥을 베풀어 준 공덕이니라.』

『금생에 음식솜씨가 좋고 살림 잘 하는 여자는 무슨 까닭인가? 전생에 부처님 앞에 지성至誠껏 공양供養한 공덕이니라.』

『금생에 화합으로 매사를 도모해 나가는 사람은 무슨 까닭인가? 전생에 거짓말을 하지 않고 청정한 계행戒行을 지켜 항상 깨끗한 손으로 부처님께 향香을 올렸기 때문이니라.』

『금생에 남과 싸움을 일삼고 시비곡절을 지나치게 따지는 사람은 무슨 까닭인가? 전생에 많은 사람을 괴롭힌 과보이니라.』

『금생에 아들 손자 자손이 많은 사람은 무슨 까닭인가? 전생에 갇힌 새를 날려 보낸 공덕이니라.』

『금생에 자식이 없거나 잘못 기르게 된 사람은 어떤 연고인가? 전생에 여자 몸에 빠져 산 과보이니라.』

『금생에 자식에게 학대받는 여자는 무슨 까닭인가? 전생에 자식을 돌보지 않고 외간 남자와 정을 통한 과보이니라.』

『금생에 방탕한 자식을 두어 고통 받는 사람은 무슨 까닭인가? 전생에 자식들이 보는 앞에서 방탕한 음행을 하였기 때문이니라.』

『금생에 처녀의 몸으로 죽는 여자는 무슨 까닭인가? 전생에 처녀의 몸으로 남자와 놀아나 방탕한 행동을 한 과보이니라.』

『금생에 아들, 딸이 없어서 외롭게 사는 사람은 무슨 까닭인가? 전생에 꽃을 함부로 꺾고 자연을 해친 업보이니라.』

『금생에 남편을 잃고 혼자 고독하게 사는 여자는 무슨 까닭인가? 전생에 사람들을 괴롭히고 남편을 괄시하여 학대한 탓이니라.』

『금생에 상처하고 혼자 홀아비로 지내는 사람은 무슨 까닭인가? 전생에 연약한 사람들을 구박하고 자기 아내를 천대하며 괄시한 연고이니라. 또 남의 아내와 간음한 과보이니라.』

『금생에 부모를 업신여기고 학대하는 패륜아는 무슨 까닭인가? 전생에 부처님의 정법正法을 소홀히 하고 부모의 은혜를 저버린 탓이니라.』

『금생에 일찍이 부모님을 잃고 고아로 살아가는 이는 무슨 까닭인가? 선생에 부모를 가볍게 여기고 학대하거나 윗사람을 업신여긴 업보이니라.』

『금생에 남의 생명을 빼앗거나 죄를 지어 무거운 형벌을 받는이는 무슨 까닭인가? 전생에 사람을 해쳤거나 뭇 생명을 함부로 가볍게 여겼던 탓이니라.』

『금생에 약한 사람을 괴롭히고 강한 사람에게 아부하는 이는 무슨 까닭인가? 전생에 권세를 믿고 방자하게 행동하고 간교한 짓을 일삼았기 때문이니라.』

『금생에 뜻하지 않은 재난으로 불구의 몸이 되거나 가족을 잃는 이는 무슨 까닭인가? 전생에 불경의 말씀이나 스승의 가르침을 어기고 많은 사람들의 뜻을 거역한 탓이니라.』

『금생에 제 명을 못 채우고 단명한 사람은 무슨 까닭인가? 전생에 함부로 살생하고 뭇 사람의 마음과 몸을 괴롭힌 과보이니라.』

『금생에 괴질怪疾로 신음하거나 목숨을 잃는 사람은 무슨 까닭인가? 전생에 부처님 도량이나 청정한 곳에 함부로 침이나 가래를 뱉어 더럽게 한 때문이니라.』

『금생에 맛좋은 음식을 두고도 위장이 나빠서 먹지 못하는 것은 무슨 까닭인가? 전생에 부처님 앞에 놓여 있는 음식을 훔쳐 먹었거나 남보다 먼저 먹은 탓이니라.』

『금생에 눈이 붉고 충혈이 심한 사람은 이는 무슨 까닭인가? 전생에 길 인도를 잘못한 때문이니라.』

『금생에 눈 밝은 사람은 무슨 연고인가? 전생에 기름 시주 많이 하고 부처님께 등불 밝힌 공덕이니라.』

『금생에 한쪽 눈을 못 뜨고 보지 못하는 사람은 무슨 까닭인가? 전생에 올바른 길을 똑바로 가르쳐 주지 않은 탓이니라.』

『금생에 입병 잘 앓는 사람은 무슨 까닭인가? 전생에 부처님 앞에 있는 등불을 입으로 불어서 꺼버린 과보이니라.』

『금생에 귀머거리나 벙어리로 태어나는 사람은 무슨 연고인가? 전생에 부모에게 욕하고 멸시한 과보이니라.』

『금생에 꼽추로 태어나는 사람은 무슨 까닭인가? 전생에 예불하는 사람을 보고 비웃은 탓이니라.』

『금생에 팔이 비틀어진 사람은 무슨 까닭인가? 전생에 그 손으로 나쁜 짓을 한 탓이니라.』

『금생에 다리가 비틀어져 절뚝발이가 된 사람은 무슨 까닭인가? 전생에 길가는 사람을 막아놓고 때린 탓이니라.』

『금생에 살다가 눈이 우연히 어두워지는 것은 무슨 까닭인가? 전생에 부처님 앞에 등불을 입으로 불어 끈 탓이니라.』

『금생에 우연히 병신이 된 사람은 무슨 까닭인가? 전생에 부처님 앞에 있는 향로香爐를 타넘고 경전을 타넘은 업보이니라.』

『금생에 우치愚癡하며 또는 귀가 멀고 말도 잘 못하는 이는 무슨 까닭인가? 전생에 스님들을 흉보고 희롱하였거나 스승을 잘 섬기지 않은 과보이니라.』

『금생에 난장이가 되어 볼품없는 이는 무슨 까닭인가? 전생에 부처님의 경전을 더럽히고 늠름한 나무를 함부로 베어서 죽게한 탓이니라.』

『금생에 몸에서 더러운 냄새가 풍기는 사람은 무슨 까닭인가? 전생에 부처님의 앞이나 남의 면전에서 추한 모습을 보였거나 더러운 꼴로 출입한 탓이며, 또 가짜 향을 판 탓이니라.』

『금생에 귀가 먹어 듣지 못하고 앞을 보지 못하는 사람은 무슨까닭인가? 전생에 남의 물음에 동문서답하고 길을 물어도 제대로 가르쳐주지 않은 업보이니라.』

『금생에 귀머거리는 어떤 까닭인가? 전생에 경 읽는 소리를 듣기 싫어한 과보이니라.』

『금생에 항상 병고에 신음하는 사람은 무슨 까닭인가? 전생에 부처님 도량에서 고기 먹고 술 마셨거나 질투심이 많았기 때문이니라.』

『금생에 문둥병으로 피고름이 끊임없이 흐르고 온몸에 썩은 냄새가 나는 사람은 무슨 까닭인가? 전생에 불탑을 소홀히 하였거나 도굴하여 헐어버린 죄보이니라.』

『금생에 성 불구의 몸이 되어 고통을 받는 이는 무슨 까닭인가? 전생에 자기 배우자가 아닌 사람과 통정을 하였거나 강제로 성욕을 채운 죄보이니라.』

『금생에 애꾸눈이 된 사람은 무슨 까닭인가? 전생에 일찍이 거짓 물건으로 남의 눈을 속여 부당한 욕심을 부린 탓이니라.』

『금생에 허리뼈가 빠진 사람은 무슨 까닭인가? 전생에 부처님 앞에서 절하는 사람을 조소하고 우롱한 죄이니라.』

『금생에 얼굴이 누추하고 보기 흉한 사람은 무슨 까닭인가? 전생에 몸맵시가 좋은 사람을 시기하되 스스로 몸을 돌보지 않은 까닭이니라.』

『금생에 불구의 몸이 되어 고생하는 이는 무슨 까닭인가? 전생에 함부로 불법을 비방하고 물고기를 낚아 올린 과보이니라.』

『금생에 코가 납작해서 사람들의 놀림을 받는 이는 무슨 까닭인가? 전생에 불전에 올리는 향을 가짜로 만들었거나 사람들이 먹는 음식물을 더럽혀서 팔았기 때문이니라.』

『금생에 와서 악한 질환疾患으로 고생하는 사람은 무슨 까닭인가? 전생에 남이 귀하게 되는 것을 시기하고 방해한 탓이니라.』

『금생에 짐승으로 태어나 우마牛馬의 신세로 고생하는 것은 무슨 까닭인가? 전생에 은혜와 의리를 저버리고 남의 빚을 갚지 아니한 때문이니라.』

『금생에 돼지나 개가 되는 이는 무슨 까닭인가? 전생에 남을 속이고 해친 사람이니라.』

『금생에 제 명대로 못살고 자살하는 사람은 무슨 까닭인가? 전생에 개천 물을 막고 독약을 풀어서 물고기를 잡은 업보이니라.』

『금생에 귀한 벼슬자리는 무슨 연고인가? 그 전생에 있어 불상을 도금한 공덕이라. 전생에 닦아서 금생에 받는 것이니, 곤룡포와 금관 조복도 불전에 구할지니라. 도금불사가 바로 자기 몸단장이니 그러므로 부처님 위하는 것이 제 몸위하는 것이니라. 높은 벼슬자리가 쉽다고 하지 말라, 전생에 닦지 못한 일이 어디서 오겠는가.』

『금생에 굶어 죽는 사람은 무슨 까닭인가? 전생에 쥐구멍과 뱀 구멍을 때려 막은 탓이니라.』

『금생에 난쟁이 신세는 무슨 까닭인가? 전생에 경전 책을 흙바닥에 던진 탓이니라.』

『금생에 목구멍에 피 올리는 자는 무슨 연고인가? 전생에 고기 먹고 염불하고 독경한 과보이니라.』

『금생에 창병. 간질병. 미친병은 무슨 까닭인가? 전생에 불도량에서 고기 구운 과보이니라.』

『금생에 비참한 죽음을 하는 사람은 무슨 연고인가? 전생에 여자를 숲에 끌고 가서 욕보인 과보이니라.』

『금생에 늙어서 혼자되어 외롭고 슬픈 사람은 무슨 연고인가? 전생에 다정한 사람들을 보고 항상 질투하던 과보이니라.』

『금생에 호랑이나 독사에게 물리는 사람은 무슨 까닭인가? 전생에 원수 짓고 마주치면 해를 입힌 탓이니라.』

『금생에 벼락 맞고 불에 타 죽고 하는 자는 무슨 까닭인가? 전생에 되질, 말질, 저울눈을 속이던 과보이니라.』

『금생에 천재지변天災地變을 만나 참변을 당하는 사람은 무슨 까닭인가? 전생에 재물을 탐내 저울이나 말수斗量를 속여 편취한 과보이니라.』

『금생에 뱀이나 새로 태어나는 것은 무슨 까닭인가? 전생에 간사하고 거짓되고 경솔한 업을 지은 탓이니라.』

『금생에 맹수나 독사에게 물린 이는 무슨 까닭인가? 전생에 불법승佛法僧 삼보三寶를 거역하고 싸움질로 원수를 갚았기 때문이니라.』

『금생에 감옥살이를 하는 사람은 무슨 까닭인가? 전생에 남의 사정 보지 않고 서슴없이 악한 짓한 과보이니라.』

『금생에 독약 먹고 죽는 사람은 무슨 까닭인가? 전생에 냇물 막고 독약을 뿌려 고기를 잡은 과보이니라.』

『금생에 고독한 신세가 되어 구걸하러 다니는 사람은 어떤 연고인가? 전생에 악한 마음을 품고 따지기를 좋아한 탓이니라. 진리의 말씀이나 정의와 참됨을 보고도 못 본 체 하고 듣고도 못들은 체하며 믿지도 아니하는 사람은 필경에는 축생畜生의 과보를 받을 것이니라.』

불법승 삼보를 거역함이 제일가는 죄업이 되고 부모를 거역함은 은혜를 저버리는 것이니라. 이 가르침을 믿지 않고 행하지 아니하면 살아서 곤궁하고 사람다운 사람이 될 수 없으며, 자칫 죽어서는 지옥이나 악도惡道에 떨어질 것이니라.

인연과 과보의 이치를 잘 알아서 믿고 행하는 사람은 천상천하天上天下에 존귀한 사람이 될 것이니라. 누구든지 인과를 설하는 경계를 자세히 듣고 실행할 지니라. 수없는 죄와 복을 자신이 짓고 자신이 받으니 지옥에 떨어진들 누구를 원망하랴!

인과응보 없다는 말 함부로 말하지 말라. 멀리는 자손에게 있고, 가까이는 자기에게 있나니 어리석은 자는 괴로운 오늘의 악업의 과를 피해 도망쳐도, 자신이 지었기에 받아야할 악업의 씨앗은 또 다른 곳에서도 기다리는 법이건만, 미워하고 원망하면서 또 다시 죄와 입으로 업을 지어 다음생의 악업의 씨앗을 뿌린다. 현명한 사람은 업이란 스스로 지어 스스로 받는 것인지라 참회하고 수도修道하여 다음생의 좋은 결과를 위해서 오늘 선한 씨앗을 심는 것이다.

一 천 겁을 같이 선근을 심은 사람은 같은 나라에 태어나고,

二 천 겁이면 하루 동행을 하고,

三 천 겁이면 하룻밤 함께 자게 되고,

四 천 겁이면 한 동족, 한 마을에 태어나고,

五 천 겁이면 한 이웃에 태어나고,

六 천 겁이면 하룻밤을 동침하게 되고,

七 천 겁이면 한집에서 살게 되고,

八 천 겁이면 부부가 되어 살게 되고,

九 천 겁이면 형제자매가 되어 살게 되고,

萬 겁의 선근을 심으면 부모, 사제간이 된다.

재齋 많이 지내고 닦은 공덕이 믿음이 안생기면 가까이 복받는 사람을 볼 것이요, 전생에 지은 공덕 금생에 받고 금생에지은 공덕 후세에 받느니라.

만약에 어느 누구라도 이 경을 비방한다면 후세에 사람 몸을 받을 수 없는 곳에 태어나고 이 경을 받아 지니고 다니면 시방법계 불. 보살이 증명할 것이며 이 경을 출판한다면 대대로 집안이 학문이 높아 명문대가가 될 것이니라.

어떤 사람이라도 인과경을 받들어 지니면 흉한 재화나 액난에서 벗어날 수 있으며 이 경을 강론하는 사람은 세세생생에 지혜와 총명함을 얻을 것이요, 어느 누구라도 인과경을 독송한다면 후세에 태어나 모든 사람들에게 존경을 받을 것이니라. 이경을 널리 여러 사람들에게 권장하고 펼친다면 후세에 제왕 몸을 얻을 수 있으리라.

만약 전생의 인과경을 묻는다면 가섭이 보시한 공덕으로 금빛 몸을 얻은

것을 말할 수 있고 만약 후세의 인과경을 묻는다면 선성善星 : 부처님께서 오랜 옛날 보살이었을 때의 아들, 그는 출가하여 제 四 선정禪定까지 깨우쳤으나 나쁜 친구를 가까이 하여 인과를 업신여기고 부처님에게 악심까지 품어 무간지옥에 빠졌다. 이 법을 비방하다가 사람 몸을 잃은 것을 말할 수 있으리라. 삼세인과경을 받아 닦아서 거듭 선과善果를 닦으면 모든 하늘이 도움을 안겨줄 것이요 많은 복록이 풍족할지니라.

누구든지 인과를 믿고 인과를 지킬 것이며, 이를 믿고 지키는 사람은 언제 어디서나 안락하여지고, 항상 삼보청룡이 옹호하여 주느니라. 삼세의 인과설은 다함이 없고 용과 하늘은 착한마음 가진 이를 저버리지 않으며 삼보 문중에 복덕 닦기를 즐겨한다면 한 푼 희사라도 만금을 되돌려 받을 수 있느니라. 너희에게 견우고堅牛庫 : 재물과 값진 보배가 가득하고 병들지 않고 오래 살 수 있으며 나쁜 마음까지 없어지는 약이 있다는 창고를 주노니 세세생생에 복락이 끝이 없으리라.

금생에 삼보를 공경하고 귀의歸依하며 진실로 믿어서 경전을 법보시하는 사람은 다음 생에는 반드시 귀하게 태어나서 무량한 복락을 얻을지니라. 만약 인과경을 써내거나 펴내는 데 힘쓰고 시주하는 사람이 있으면 그는 어떠한 역경에도 이겨낼 수있는 용기와 지혜를 얻어 마음의 안정을 도모할 수 있을지니라.

만약 인과경을 가르치는 사람이 있으면 그를 많은 사람이 존경하고 추앙할 것이며 죽어서는 극락세계로 가서 다시 새로운 생을 얻을 수 있을지니라. 만약 전생 일因果을 묻는다면 금생에 받는 것이 바로 그것이요, 후세의 일因果을 묻는다면 금생에 짓는 것이 바로 그것이니라.

이 세상에서 우연히 물건을 잃었거나 도적을 만나 빼앗기면 그것은 전생의 진 빛을 갚는 것이지만 남을 동정하고 고통 받는 사람을 가엾이 보살피는 이는 내생의 인因을 맺으며, 선과善果를 받게 되는 것이니라.

예컨대, 전생에 부귀를 누렸다고 하더라도 계속해서 공덕을 짓지 아니하면, 이미 지어놓은 복은 하나이니 어찌 복을 계속하여 짓지 아니할 것인가? 그러므로 내일의 행복을 위하여 끊임없이 오늘의 복을 지어야 할 것이다.

내일의 행복을 위하여 오늘에 있어 선한인연을 지으면 그는 언제 어디에서도 마음의 안정을 얻고 사람의 존경을 받으며, 의식은 구족할 것이다. 만약 사람이 인과법을 믿고 공경하면, 아미타불과 서로 짝 할 것이니라.

말세중생이 복이 없고 때垢가 중하여, 인과를 알지 못하고, 종종 타락하는 도다. 부처님의 말씀을 전하는 이 경經이 세상에 있으니 만약 수행하는 비구 비구니와 선남선녀들이 이 경을 써서 세상에 전포傳布하여 염송하는 자가 있으면 이 세상에서 부귀영화와 건강과 같은 사람들의 소구 소망을 성취하고 곧 불국정토 극락세계아미타불이 계신 연화대에 탄생하여 부처님의 수기를 받을 것이니라.

만 가지 업이 스스로 지어 스스로 받는 것이니 지옥에 들어가서 온갖 괴로움을 받은들 누구를 원망할 것인가, 인과를 현재에 보는 사람이 없다고 이르지 말라, 멀리는 자손에게 있고 가까이는 자기 몸에 있느니라. 만약 어떤 사람이 인과경을 훼방하면 후세에는 악도에 떨어짐이 있으리라. 전생에 닦고 와서 이생에 받는 것이니 금생에 마음을 닦지 아니하면 어느 때에 복을 지으리오.

누구든지 인과경을 받아 지니면 제불보살이 증명을 지어주느니라. 만약 인과의 감응이 없다면 목련존자 신통제일의 어머니가 어찌 아들의 천도재 遷度齋로 천상에 날 수 있었겠는가.

누구든지 깊이 인과경을 믿고 닦아 행하면 다 같이 내생에는 극락세계로 가서 나게 되느니라. 삼세인과의 높고 깊은 뜻을 쉽게 말할 수는 없으나, 천룡팔부호법신장이 착한 사람을 옹위할 것이니라.

부처님께서 이 경을 설하여 마치시고 모든 하늘의 천룡팔부 신장과 사람. 사람 아닌 사람 人非人 등 모든 생령이 다 크게 기뻐하며 신수봉행 信受奉行하기를 맹세하고 물러났다.

입을 지키고, 마음을 거두어, 몸으로 범하지 말라. 이와 같이 행하는 자라야 능히 도를 얻느니라.

마치며

몸이 바로서면 정신이 바로서고 정신과 몸이 바로 서면 마음은 평정심을 되찾아 자기만족, 기쁨, 행복, 재물, 명예가 따르게 된다. 그러므로 허리가 바로서면 굽어진 등과 어깨가 펴지고 이어서 가슴이 열리게 된다. 가슴이 펴진다고 표현치 않고 열린다고 한 것은 가슴은 심장 곧 마음과 통해 있고 세상과 통하는 마당이기 때문이다.

가슴 곧 마음이 열린다는 것은 마음이 본래의 S라인을 회복했다는 것이 된다. 수행에서는 이를 도道 곧 마음을 깨쳤다고 하는 것인데 마음이 본질적으로는 ○圓=零=空의 라인을 깨친 것이며 현실적으로는 몸과 정신의 경계지점인 S라인을 회복한 것이 된다.

허리가 틀어지고 등과 어깨가 굽어지고 가슴이 좁혀진 사람은 가슴 곧 마음의 문이 바늘 귀 만큼 좁아진 사람이다. 이러한 사람은 균형 있는 사고를 할 수 없으며 그 마음에 자기만족, 기쁨, 행복이 없는 것이다.

그러므로 건강은 몸과 정신과 마음이 S라인을 유지하는 것이라 정의할 수 있다. 몸은 허리에서 머리까지 똑바로 서면 S라인이 형성된다. 정신도 양극단으로 치닫는 것을 멈추고 중도를 추구하여 사고의 유연성을 유지하면 정신적인 S라인을 지니게 된다. 몸과 정신이 똑 바로 서면 그 가운데 마음은 자연히 S라인이 형성되어 평정심을 갖게 되고 행복이 충만하게 되는 것이다.

수행을 통해서 몸과 마음이 살아지게 한다거나 생사를 벗어난다는 것은 몸과 정신의 에너지가 종국적으로 통일되어 음양이 분리되기 이전의 부동한 상태를 회복한 것이 된다. 이는 몸과 정신이 각각의 S라인이 통일되어 'S+S=○'의 라인으로 회복됨을 말한다.

그것은 태극 안의 음양이라는 두 영역이 상징하는 각각의 S라인이 사라져 버리고 그 기준점인 마음이라는 S라인이 무한확장이 이루어져 본질적인 ○으로 돌아가 버린 상태이기도 하다. 그리고 자연적인 흐름을 타고 음_{정신}양_몸은 다시 나눠져서 변화의 과정 속에 자신을 나타내게 된다. 누가 만들어서 그런 것이 아니라 자연의 시스템이 그러하다.

원이 움직이는 이유가 안이나 밖에 그 원인이 있는 것이 아니라 근원 자체가 움직여지는 자연변화시스템이 그렇게 조성되어 있다. 우리말에 어떠한 일에 대하여 "자연히 되겠지", "자연히 되었다"라는 말이 있다. 누가 힘써 하게 한 것이 아니라 스스로 그렇게 되었다는 것 이다.

자연변화시스템이 그렇게 부동한 본질에서 음양이라는 변화현상이 일어나도록 주어져 있다는 사실이다. 일례로 밤의 적막이 깊어지면 자연히 밝은 아침이 찾아오는 것과도 같다. 정_靜이 극에 이르면 동_動이 일어난다는 이치이다. 생명이란 살아 움직인다. 불성이라는 생명도 부동함이 극에 이르면 자연생성의 과정을 밟게 되어 천태만상의 변화 속에 자신의 모습을 펼쳐내게 된다. 그러므로 모습이라는 몸 자체가 곧 불성이요 신성의 표현체이다. 그래서 어느 시인은 말하길 계곡의 맑은 소리는 관음_{관세음보살}이요, 만물의 움직임은 부처의 춤이라 하였던 것이다.

수행이란, 본질적으로 몸과 정신을 원_圓=零=_空이라는 상태로 환원시킴을 말하는 것인데 몸과 정신이라는 S라인은 마음을 표현하는 ○의 안과 밖으로 나뉘어져 안도 비었고 바깥도 비어있는 공_空한 상태가 되는 것이다. 공

空이라는 마음 상태에서는 생각은 더 이상 존재할 수 없다. 현상적인 움직임이 끊어져 버린 상태적멸이기 때문이다. 몸을 움직이고 사는 행동의 세계나 사고하는 사념의 세계가 멈춰버리고 오직 순수한 본질적인 마음만이 존재한다.

그리고 이러한 상태가 가능한 것은 현실적으로 몸과 정신이 S라인을 유지함으로써 가능하다. 그러므로 정신이 온갖 생각으로 차 있고 몸이 부실하여 순환에 문제가 있는 경우에는 수행이란 불가능하다. 항상 몸은 생기로 넘쳐있어야 하고 정신은 생각의 유희에 빠지지 않아야 마음에 지혜의 불꽃이 피어나는 것이다.

몸이나 정신은 현실을 살아가는 개별적인 마음에 있어서나 본질인 보편적인 마음인 '나'로 돌아가는데 있어서나 중요한 요소인 것이다. 몸과 정신이라는 움직임에서 세상이 출현하고 이 양자의 멈춤에서 본질이 출현한다. 그래서 도인은 본질적인 ○라인을 유지한 상태에서 현실적으로 몸과 정신의 경계선인 마음의 S라인을 가지고 살아간다.

도반들과 함께…

운명으로부터 자유로워지는 길에 대하여 한 마디!

초판 1쇄 인쇄일 2015년 01월 26일
초판 1쇄 발행일 2015년 01월 30일

지은이 종학 스님
펴낸이 김양수
편집·디자인 이정은
교　정 최보미

펴낸곳 도서출판 맑은샘
출판등록 제2012-000035
주소 경기도 고양시 일산서구 중앙로 1456(주엽동) 서현프라자 604호
대표전화 031.906.5006　팩스 031.906.5079
이메일 okbook1234@naver.com
홈페이지 www.booksam.co.kr

ISBN 979-11-5778-011-2 (03220)

「이 도서의 국립중앙도서관 출판시도서목록(CIP)은 서지정보유통지
원 시스템 홈페이지(http://seoji.nl.go.kr)와 국가자료공동목록시스템
(http://www.nl.go.kr/kolisnet)에서 이용하실 수 있습니다.(CIP제
어번호: CIP2015002629)」